Martin Licht

TM-Brevier

Das Handbuch für Transmänner

tredition

Förderinnen und Förderer des TM-Breviers

Die Finanzierung dieses Buches wurde über eine Crowdfunding-Kampagne realisiert. Viele Menschen haben mit kleinen und größeren Summen das Buch unterstützt, und ihnen allen gilt mein herzlicher Dank.

Ein ganz besonderer Dank gebührt den folgenden offiziellen Förderinnen und Förderern:

Tanja Berger

Henry Hohmann

Kim-Sun Mo

Erdmute Rehwald

Uta Stiene

Und es kam der Tag, da das Risiko, in der Knospe zu verharren, schmerzlicher wurde als das Risiko zu blühen.

Anaïs Nin

Für Fräulein B. Weil ohne dich ist alles nix.

Gebrauchsanleitung zum Buch

Zunächst eine Begriffsklärung: Ich verwende in diesem Buch meistens den Ausdruck „TM“ und meine damit ein umfassenderes Konzept von Transmaskulinitäten. Allgemein wird „TM“ aber als Abkürzung für „Transmann“ verwendet. Der Verständlichkeit wegen verwende ich daher auch öfter den Begriff „Transmann“, seltener „Transmaskulinität“ oder „Transident“.

Du wirst im Buch immer wieder mal auf Fachbegriffe stoßen. Diese Begriffe werden im Glossar am Ende des Buches erklärt. Du erkennst sie im Text daran, dass sie in KAPITÄLCHEN gesetzt sind.

Einige Textpassagen habe ich nicht selbst geschrieben, sondern sie wurden mir von anderen Autoren für den Abdruck zur Verfügung gestellt. Sie sind jeweils am Textrand mit großen Anführungszeichen versehen: „ “

Die Reihenfolge der Kapitel orientiert sich an den typischen Schritten, die viele Transmänner und andere Frau-zu-Mann-Transidenten auf ihrem Weg machen. Man kann aber jedes Kapitel auch unabhängig vom Rest des Buches für sich nutzen. Im hinteren Teil findest du zusätzliche Informationen, zum Beispiel Bezugsquellen und Links zu interessanten Websites. Auf der Webseite zum Buch, http://tm-brevier.blogspot.com, findest du noch mehr Infos und Materialien, die nicht mehr in dieses kleine Handbuch passten. Bei manchen Inhalten wirst du aufgefordert, ein Passwort anzugeben. Du erhältst dabei einen Hinweis, wo im Buch du dieses Passwort findest.

Noch etwas zur geschlechtergerechten Sprache: Ich verwende weibliche und männliche Bezeichnungen unregelmäßig abwechselnd und manchmal auch zusammen. Es darf sich jederzeit jede und jeder mitgemeint fühlen.

Inhalt

Vorwort

Menschen, die sich aus eigener Betroffenheit oder aus anderem Interesse mit Fragen der geschlechtlichen Identität beziehungsweise des Geschlechtsgefühls befassen wollen, hatten es bisher nicht leicht: Sie waren entweder auf teure oder schwer zugängliche und nicht immer gut verständliche Lehrbücher angewiesen, oder sie mussten sich im Internet die Antworten auf ihre Fragen mühsam zusammensuchen, zum Teil aus Quellen, die hinsichtlich ihrer Qualität schwer zu beurteilen sind. Diesem betrüblichen Sachverhalt ist nun mit diesem leicht zu handhabenden Taschenbuch ein glückliches Ende bereitet.

Der Autor hat sich mit dem Engagement des selbst Betroffenen und mit großer Beharrlichkeit um Antworten auf die Fragen bemüht, welche diejenigen Menschen umtreiben, die auf der Suche nach der eigenen wahren Identität und der Gestaltung ihres Soseins sind. Dabei sind die hier versammelten Stichworte immer praxisnah, anschaulich und für jedermensch gut verständlich abgehandelt, wie es den Suchenden bei der Klärung ihres Vorgehens entgegenkommt.

Der Weg zu sich selbst ist ein naturgemäß schwieriges Unterfangen, und die Betroffenen benötigen dabei immer wieder auch die Mitwirkung von Menschen in verschiedenen Institutionen. Diese notwendige Kooperation wird erheblich erleichtert, wenn Betroffene gut informiert sind, wenn sie zu kundigen Gesprächspartnern werden. Mit Hilfe der in diesem Buch versammelten Informationen kann genau dies gelingen.

Ich wünsche diesem Buch wärmstens eine gute Verbreitung, weil es Betroffene durch Wissen unterstützt und allen Interessierten zu einem besseren Verstehen der Problematik von Transidentität verhilft.

Walter Dmoch
Psychoanalytiker, Sexualmedizin

Warum dieses Buch?

Im Jahr 2008 passierte in meinem Leben eine ganze Menge. Nach vielen Jahren des Verdrängens stellte ich mich endlich meiner Identität – und sehr bald stand fest: Ich will mein Leben so leben, dass mein Aussehen mit meinem Selbstempfinden übereinstimmt. Denn genau das hatte mich all die Jahre seit meiner Kindheit am meisten gequält: immer wieder aufgrund körperlicher Merkmale als Frau definiert zu werden. Zu diesem Zeitpunkt war ich bereits einige Jahre als Dragking aufgetreten. Ich hatte mich nicht nur auf der Bühne, sondern immer wieder auch im alltäglichen Leben als Mann ausprobiert und fand es sehr beglückend. Ja, und da stand ich nun mit über 40 Jahren wieder exakt an dem Punkt, an dem ich als Kind vor der Pubertät gestanden hatte: Ich wusste, dass ich keine Frau bin, aber meine Umwelt wollte das nicht wahrhaben. Also musste ich endlich etwas daran ändern – und damit an mir.

Doch dann merkte ich, wie schwierig, zeitaufwändig und umständlich es sein kann, die grundlegendsten Fragen beantwortet zu bekommen, die man in einer solchen Situation anfangs hat. Ich suchte Fakten für die praktischen Seiten meines Lebens, keine Lebensberichte oder Romane. Bei meiner Recherche zu Bindern, Packern, Hormonen und Operationsmöglichkeiten, zur Änderung des Vornamens, zum Prozedere der Kostenzusage durch die Krankenkasse und zu vielen anderen Aspekten der „Transformation“ haben mir einige Organisationen und Websites unschätzbare Hilfe geboten. Dazu gehören der TransMann e.V. und das TM-Portal. Auch die Online-Präsenz der Transfamily war eine gute Informationsquelle.

Trotzdem hat die Suche nach Antworten viele Stunden beansprucht. Aus dieser Erfahrung ist die Idee zu dem Buch, das du nun in deinen Händen hältst, entstanden. Es versammelt die wesentlichen Informationen, nach denen die meisten TM am Anfang ihres Weges, ihrer Mannwerdung, suchen.

1 Einleitung

Für wen ist das TM-Brevier?

Mit diesem Ratgeber möchte ich Menschen, die sich von einer weiblichen zu einer männlichen Identität hin bewegen[1] und ihren Körper und/oder ihren juristischen Personenstatus verändern wollen, Antworten auf die meistgestellten praktischen Fragen bieten. Genauso möchte ich mit diesem Brevier die Angehörigen und Liebsten TRANSIDENTER Männer einladen, sich über die anstehenden Veränderungen zu informieren und mit den nächsten Schritten vertraut zu machen, die auch ihr Leben berühren werden.

Was ist das TM-Brevier?

Am Anfang meiner Reise habe ich mich durch einen zunächst undurchschaubar wirkenden Dschungel an Informationen gearbeitet. Das Internet und die vielen aktiven Menschen dort waren mir (und sind es bis heute) eine unschätzbare Hilfe. Hier kann man praktische Informationen ebenso erhalten wie über sehr Persönliches reden. Ich habe in den verschiedenen Foren aber auch beobachtet, dass „Neue" immer wieder dieselben Fragen stellen und nach denselben Informationen suchen. Und es ist manchmal recht schwierig, diese eigentlich grundlegenden Fragen beantwortet zu bekommen beziehungsweise die passenden praktischen Informationen zu finden.

In einem Online-Forum liest sich das zum Beispiel so: „*Wo fang ich an? Ich habe so viele Fragen im Kopf und alles ist durcheinander. Ich möchte nicht den 3. Schritt vor dem 1. tun.*" Und die

1 „trans" kann aus dem Lateinischen mit „darüber, hinaus" übersetzt werden, das lateinische „transire" bedeutet „hinübergehen, überschreiten".

Antwort darauf: *„Ich bin seit vier Wochen hier angemeldet und fange jetzt langsam an, einen kleinen Überblick zu bekommen."*

Deshalb das TM-Brevier: Es versammelt die wichtigsten Fakten in übersichtlicher Form, jederzeit zum Nachschlagen bereit, auch wenn der Internetzugang gerade mal nicht in Reichweite ist oder die Geduld zum Suchen fehlt. Natürlich ist es nicht möglich, jedes kleine Detail zu erklären. Vielmehr soll dir das TM-Brevier eine gute Starthilfe für deine Reise sein.

Bitte beachte noch Folgendes: Da ich meine Erfahrungen, zum Beispiel mit der Krankenkasse oder auch mit Ämtern und Behörden, in Deutschland gemacht habe, beziehen sich meine Informationen im juristischen und medizinischen Teil auch nur auf die Situation in Deutschland. Leser und Leserinnen aus der Schweiz und aus Österreich finden im Anhang die Webadressen des Transgender Network Switzerland beziehungsweise von TransX e. V. Dort könnt ihr euch weiter informieren.

Was ist das TM-Brevier nicht?

Das TM-Brevier erklärt weder Transsexualität im Allgemeinen noch Frau-zu-Mann-Transsexualität im Besonderen. Es ersetzt keine psychotherapeutische oder medizinische Beratung, Betreuung und Behandlung und ist kein medizinischer, psychologischer oder juristischer Ratgeber. Aus den hier gesammelten Informationen können keine rechtskräftigen Aussagen abgeleitet werden. Wende dich bei Fragen zu medizinischen oder juristischen Themen bitte an Fachleute. Wo ich in den entsprechenden Kapiteln auf medizinische oder rechtliche Fragestellungen eingehe, schildere ich, was ich für mich herausgefunden, wie ich selber gehandelt und welche Erfahrungen ich gemacht habe. Daraus können keine juristisch oder medizinisch gesicherten Empfehlungen abgeleitet werden, und meine Beschreibungen haben auch keinen Allgemeingültigkeitsanspruch. In anderen Worten: Wenn du tust, was ich hier beschreibe, machst du das ohne Rechtsansprüche an mich. Ich möchte ganz besonders darauf hinweisen, dass

- eine professionelle psychotherapeutische Begleitung durch keinen Ratgeber, kein Online-Forum und keinen Stammtisch ersetzt werden kann und
- Hormonpräparate auf keinen Fall ohne ärztliche Betreuung eingenommen werden sollten (sprich: nur auf Rezept und auf keinen Fall Hormonpräparate des Schwarzmarkts nutzen).

2 Die ersten Schritte

Am Anfang ist es sehr verwirrend – auf dem einen oder anderen Weg, früher oder später im Leben, hat man für sich Klarheit gewonnen: Ich bin TRANS*. Man möchte (endlich) in dem SOZIALEN GESCHLECHT leben, dem man sich zugehörig fühlt und das nicht unbedingt mit dem BIOLOGISCHEN GESCHLECHT identisch ist. Für die einen reicht diese Erkenntnis, und sie leben ihr Leben wie bisher oder mit nur geringen Änderungen. Für die anderen bedeutet die Entdeckung der eigenen Identität aber mehr Veränderungen. Welche das sind, ist von Mensch zu Mensch ganz unterschiedlich, je nachdem, was der oder die Einzelne für sich wichtig findet. Manche Schritte machen jedoch am Anfang alle. Für viele ist dabei das PASSING, also als Mann in der Öffentlichkeit wahrgenommen zu werden, sehr wichtig.

Das COMING-OUT im privaten wie beruflichen Bereich ist ein zugleich schwieriges wie wichtiges Thema. Und schließlich nehmen nicht wenige TM psychologische Therapie und Begleitung in Anspruch, um über die schwierigeren Aspekte Klarheit zu gewinnen. Dieses Kapitel geht auf diese ersten Schritte der Selbstentdeckung und -entwicklung ein.

Spieglein, Spieglein an der Wand, wer ist der Männlichste im ganzen Land?

„Dein Passing ist super!" Solche Kommentare zum hochgeladenen Selbstporträt in Online-Foren lassen die Brust eines TM stolz anschwellen – oder unterstützen zumindest das Selbstbewusstsein. Wie kann man „Passing" beschreiben? Ganz einfach gesagt, ist es der Effekt, als Mann in der Öffentlichkeit wahrgenommen und als solcher integriert zu werden. Ohne zweifelnde Blicke, ohne irritierte und irritierende Kommentare. Wissenschaftlich ausgedrückt ist Passing die erfolgreiche

Darstellung einer Form von Maskulinität, die allgemein zum sozialen Geschlecht „Mann“ gezählt wird.[2]

Es gibt viele Maskulinitäten, viele Arten, sich als „Mann“ zu definieren und auszudrücken, und ebenso viele Möglichkeiten, sich üblichen Klischees vom Mannsein zu widersetzen. Passing ist daher aus mehreren Gründen ein wichtiges Thema für Transmänner. Für die einen ist es eine Notwendigkeit des puren Überlebens – sei es das soziale, das ökonomische oder in manchen gesellschaftlichen Zusammenhängen auch das unmittelbar physische Überleben. Andererseits gehört das Passing auch zu der von den Krankenkassen geforderten „Erprobung im Alltag“ (dazu mehr in Kapitel 7).

Passing kann aber auch gerade dann ein ganz bewusstes Spiel sein, wenn es nicht hundertprozentig erfolgreich ist. Ich kenne mehrere TRANSIDENTISCHE Menschen, die die Verwirrung genießen, die sie mit ihrer äußerlichen Uneindeutigkeit auslösen. Für manche ist dies eine subversive politische Handlung, eine Möglichkeit, Mitmenschen darauf aufmerksam zu machen, dass es mehr als zwei Geschlechter gibt.

So weit also zur Theorie. Aber du möchtest ja nicht mit den Leuten auf der Straße über Geschlechterdarstellung diskutieren (oder vielleicht doch? Aber das ist eine andere Geschichte ...), sondern einfach mal in Ruhe gelassen werden. Hier also ein paar Tipps, wie du dein Passing mit einfachen Mitteln auch ohne Testosteron und Operationen verbesserst.

---

2 Mehr zur Darstellung von Geschlecht in den Büchern von Judith Butler, „Körper von Gewicht: Die diskursiven Grenzen des Geschlechts“ und „Das Unbehagen der Geschlechter“. Allerdings wird Butler aus der Szene der politischen Trans*-Aktivistinnen und -aktivisten auch vorgeworfen, Geschlecht ausschließlich als Performanz, als Darstellung, zu definieren und damit eine gefühlte geschlechtliche Identität zu leugnen.

Genderrecycling

Alte Klischees neu kombiniert ✂ Bastel dir ein Individuum !

Des Königs neue Kleider

Worin unterscheidet sich das Frauenmodell der Jeans A, Marke X, vom Herrenmodell? Genau: Sie betont die „weiblichen Rundungen" mit ihrem Schnitt und hat aufgestickte Blümchen auf Taschen und Beinen. Gleiches gilt für das Damenmodell der Regenjacke eines Outdoor-Ausrüsters oder für die Laufschuhe bekannter Hersteller. Andere Schnitte, andere Farben, Applikationen, Verspieltes – Kleidung wird in unserer Kultur stereotyp, an Geschlechternormen orientiert, produziert, selbst da, wo sie eigentlich nur funktionell sein soll. Transmänner, die ein unkompliziertes Passing wollen, können solche feminisierten Sachen nicht tragen. Daher lohnt es sich, ein wenig herumzusuchen. Die folgenden Tipps sind vor allem hilfreich, wenn du unter 175 cm groß bist und deine Schuhgröße unter 41 liegt.

Schuhe

Man kann wirklich seltsame Erfahrungen machen, wenn man in ein Schuhgeschäft geht und sagt, dass man einen Herrenschuh in Größe n (irgendwas unter 40) sucht, also bei mir in 39. Die Reaktionen der Verkäuferinnen und Verkäufer bewegen sich zwischen Staunen, Erschrecken und Mitleid. Ich habe den Eindruck, dass Verkäufer weniger Probleme damit haben, dass ein Mann kleine Füße hat, als ihre weiblichen Kolleginnen, jedenfalls reagieren die Damen deutlich emotionaler und auch manchmal befremdlich. Wer sich solchen Situationen nicht aussetzen will, kann natürlich online Schuhe ordern. Das habe ich auch schon gemacht, bisher musste ich aber noch jeden Schuh wieder zurücksenden (zu schmal, zu breit, sehr groß ausfallende Größe, zu klein ausfallende Größe, schlechte Verarbeitung, abweichende Farben etc.). Der Schuhkauf per Internet kann ganz schön aufwändig sein und ist nicht geeignet, wenn man ganz dringend und kurzfristig neues Gehzeug benötigt.

Mit einer Schuhgröße unter 41 ist es einfach schwierig, passende Herrenschuhe zu finden, denn meistens beginnen die erst bei Größe 41 oder gar 42. Von manchen, leider nur wenigen Herstellern gibt es Herrenschuhe ab Größe 39, zum Beispiel Aigle, Snipe oder Trippen. Bei Letzteren muss man aber wissen, dass der Hersteller selber darauf hinweist, dass seine Schuhe generell eine Größe größer ausfallen im Vergleich zu anderen Herstellern. Größe 39 entspricht hier also schon wieder Größe 40. Der dänische Hersteller Duckfeet bietet sogar seine regulären Herrenschuhe ab Größe 35 an. Orthopäden weisen auch gerne darauf hin, dass Frauen- und Männerfüße unterschiedlich sind. Männer haben gemeinhin nicht nur längere, sondern vor allem breitere Füße. Daher wird ein anderer LEISTEN für die Schuhproduktion verwendet, um bequeme und tragbare Schuhe zu produzieren. Das gilt sogar für preiswerte Schuhe, wie sie von den Schuhhandelsketten angeboten werden. Das bedeutet, dass man nicht nur auf die Länge, sondern auch auf die Breite der Füße achten sollte, um Schuhe zu finden, die wirklich passen und dauerhaft angenehm zu tragen sind.

Wenn du trotz kleiner Füße deine Schuhe aus der Herrenkollektion haben möchtest, kannst du dir mit einfachen Tricks helfen, wenn der Größenunterschied klein genug ist. Mit 40er-Füßen kann man normalerweise noch Schuhe in Größe 41 tragen. Je nach Marke fallen sie kleiner aus, hier bieten sich zum Beispiel italienische Fabrikate wie Geox an. Etwas überschüssigen Raum vorne an den Zehen kannst du mit Watte auffüllen, früher wurde das auch oft mit Zeitungspapier gemacht, aber das ist nicht so bequem und raschelt. In Sport- und Outdoor-Geschäften mit Lauf-, Trecking- und Wanderschuhen gibt es Schuheinlagen, die die Füße besser unterstützen sollen. Da diese Einlagen etwas dicker sind, können sie den Größenunterschied zwischen deinen Füßen und den Schuhen ein wenig ausgleichen. Diese Option entfällt natürlich, wenn du bereits orthopädische Einlagen brauchst. Apropos: Es ist auch möglich, sich maßgefertigte Einlagen beim orthopädischen Schuhmacher anfertigen zu lassen.

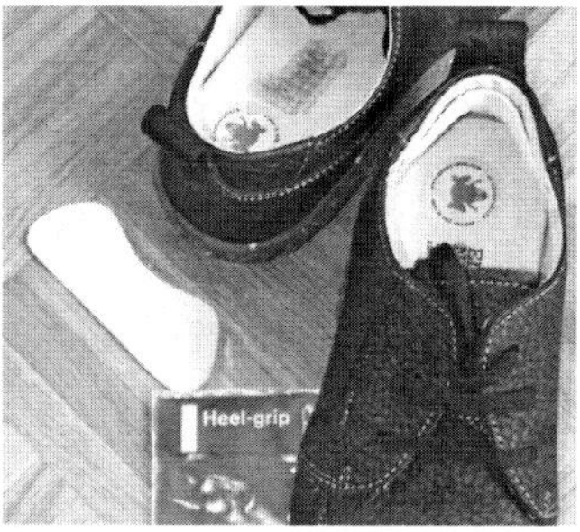

Auch einklebbare Fersenteile können einen Schuh passend machen.

Bei deutlich zu großen Schuhen geht das aber alles nicht mehr, dann schlappen die Schuhe an den Fersen und du läufst dir schnell Blasen. Oder die Schuhe sind so breit, dass sie deinem Fuß keinen Halt bieten, du knickst immer wieder um und verletzt dich dabei irgendwann. Dann lohnt sich vielleicht die Suche nach einem Händler, der sich auf Unter- und Übergrößen spezialisiert hat. Manchmal findet man solche Geschäfte vor Ort in größeren Städten. Einer der bekannteren Händler für Schuhe in ungewöhnlichen Größen ist Horsch. Das Unternehmen hat Filialen in Hamburg, Stuttgart, Düsseldorf und München und zusätzlich einen Online-Shop (www.horsch-shop.de).

Und dann bleibt natürlich noch ein Blick zu den „Damenschuhen“. Einige Hersteller produzieren Damenschuhe, die eigentlich neutral aussehen, zum Beispiel wenige Modelle von Think, Patagonia oder Loints. Bei dem spanischen Hersteller El Naturalista gibt es auch eine „Unisex“-Modellreihe, und viele der klassischen Modelle von DocMartens sind unspezifisch im Design. Immerhin, eine Chance steckt im Griff zu den vermeintlichen Damenschuhen: Herrenschuhe sind fast immer in Dunkelbraun, Hellbraun und Schwarz, vielleicht auch mal in Grau erhältlich. Im Regal der Damenschuhe finden sich hingegen oft originellere Designs, die nicht unbedingt gleich zu exaltiert wirken. Mehr Farbe für die Herrenwelt!

Hosen und Oberteile

T-Shirts, Hemden, Pullover, Jacken – in der Schulterbreite mögen sie passen, aber oft sind sie sogar in Größe S noch zu lang, vor allem Transmänner unter 175 cm Körpergröße müssen da länger suchen. Einige Marken haben sich als gelegentliche Fundgruben erwiesen. So gibt es bei H&M Hemden und T-Shirts als „Slim-Line"-Modelle, die schlanker und je nach aktueller Mode auch kürzer geschnitten sind. Auch Oberbekleidung von Marc O'Polo fällt gelegentlich kleiner aus.

Die Kinder- und Jugendabteilungen mancher Bekleidungshäuser können ebenfalls lohnenswert sein. So gibt es bei Zara wie auch bei Abercrombie&Fitch Jungensachen mit „erwachsenen" Schnitten und ohne Aufdrucke. Auch zum Beispiel Sinn-Leffers oder Peek&Cloppenburg bieten manchmal Jungenkleidung ohne kindlich-bunte Aufdrucke an. Vor Ostern, Weihnachten und Silvester findet man zum Beispiel auch schicke Schuhe und Anzüge.

Selbst beim Herrenausstatter Ansons bin ich (mit 163 cm Körpergröße) in Sachen Hemden und Sweatshirts fündig geworden. Gerade bei Hemden variieren die Schnitte und Größen sehr je nach Hersteller. Daher solltest du von verschiedenen Marken jeweils die gleiche Größe anprobieren, um zu dem Modell zu finden, das für dich geeignet ist.

TIPP

Hemden haben oft sehr lange Ärmel – das ist auch für sogenannte CIS-MÄNNER **ein Problem. Aber es gibt eine einfache Lösung: Suche dir eine Änderungsschneiderei in deiner Nähe und lasse die Ärmel auf die richtige Länge kürzen: Bei waagerecht nach vorn ausgestrecktem Arm reicht die Manschette an deine Daumen- oder Handwurzel heran, je nach Geschmack. Das kostet etwa 10 bis 12 Euro für beide Ärmel, in der Schweiz circa 25 Franken.**

Und wenn das Hemd insgesamt zu lang ist, kannst du auch das kürzen lassen. Das habe ich mit mehreren kurzärmeligen Sommerhemden gemacht, die man ja eher über statt in der Hose trägt. Am besten rechnest du aber schon vor dem Kauf durch, was das Hemd dann insgesamt, also mit Änderungen, kosten wird. Natürlich kannst du dir ein Hemd auch direkt maßgerecht schneidern lassen. Mit Stoff, Knöpfen etc. kostet das rund 60 Euro oder ab 140 Franken in der Schweiz. Es gibt Maßschneider in jeder größeren Stadt, und auch im Internet findest du entsprechende Dienstleister, wenn du nach „Maßhemd" suchst.

T-Shirts und Sweatshirts kann man nicht ändern lassen, da musst du also etwas finden, was direkt passt. Dafür ist wieder vieles bei Hosen möglich. Sowohl Jeans als auch Hosen aus anderen Materialien können leicht angepasst werden.

Hosen sind oft für TM, die kein oder noch nicht lange Testosteron nehmen, ein Problem, denn sie haben noch die typisch weibliche Körperfettverteilung, also eher kräftigere Oberschenkel, und auch keine schmalen Hüften mit kleinem Po. Frauenhosen bedienen mit ihren Schnitten diese körperlichen Merkmale, heben sie aber oft auch noch mehr hervor. Herrenhosen passen dafür nicht so richtig, spannen zum Beispiel am Po und an den Oberschenkeln. Doch auch hier gibt es Rettung. Weit geschnittene Jeans aus dem Männerregal bieten eine gute Möglichkeit, breite Hüften zu kaschieren. Das können die sogenannten Baggy-Jeans sein, aber es gibt auch weniger extrem weit geschnittene Modelle.

Darüber hinaus solltest du dir ruhig auch mal die gerade geschnittenen Klassiker der Hosen ansehen. Ich trage schon seit vielen Jahren sehr gerne Levis 501 – der Klassiker schlechthin. Allerdings war ich auch schon immer mit schmalen Hüften und schlanken Beinen ausgestattet. Und dennoch: Eine Freundin mit weiblich-runden Hüften und ebensolchem Po trägt dieses Modell inzwischen auch, obwohl sie früher dachte, dass sie in diese Hose „niemals hineinpassen" würde. Also, auch hier gilt wieder: Probiere einfach vieles aus und greife ruhig mal zu etwas, was du sonst eher ablehnen würdest. Und vergiss nicht den Änderungsschneider deines Viertels und Vertrauens.

Vorsicht bei deinen Einkäufen ist aber geboten, wenn du vorhast, Testosteron zu nehmen. Der Körper verändert sich dadurch (mehr dazu in Kapitel 4), und damit auch die Bekleidungsgrößen. Ich bin schlank geblieben, brauche aber trotzdem inzwischen Hosen in zwei Nummern größer. Und aus den T-Shirts in Größe S bin ich auch größtenteils herausgewachsen, weil Schultern und Rücken breiter sind als früher.

Jetzt siehst du sie, jetzt siehst du sie nicht: Über die Kunst des Abbindens

Eines der in Internetvideos und -foren am intensivsten diskutierten Themen sind die unerwünschten Brüste und wie man sie versteckt. Du hast sicher schon vom ABBINDEN gehört. Das Abbinden der Brüste ist eine jahrhundertealte Technik. Ja, du hast richtig gelesen: jahrhundertealt. Wie sonst hätten solche historisch belegten Personen wie die Piratin Mary Read viele Jahre ein PASSING als Mann durchhalten können? Neben dieser langen Geschichte von CROSSDRESSERN und Transmenschen ist im 20. Jahrhundert vor allem durch DRAGKINGS das Abbinden mit verschiedenen Materialien bekannter geworden, und auch in der COSPLAY-Szene ist das Kaschieren der weiblichen Brüste unter dem Kostüm ein häufiges Thema. Aber es gibt einen großen Unterschied: Während man als Dragking oder Cosplayerin nur eine kurzfristige Lösung für ein paar Stunden braucht, und diese auch nicht unbedingt perfekt sein muss, wünschen sich TM ein möglichst gutes Ergebnis, das den Arbeitsalltag genauso übersteht wie den Sport.

Ich habe für eine meiner Drag-Performances früher schon mal mit Frischhaltefolie abgebunden, aber das war nur für ein paar Minuten, dann wurde ich von meiner Performance-Partnerin daraus befreit. Und selbst diese wenigen Minuten reichten mir schon. Verwende also bitte keine Frischhaltefolie: Die Haut kann unter der Folie nicht atmen, dadurch kommt es bei längerem Tragen zu Hautreizungen, die sich zu langwierigen Hautproblemen auswachsen können. Auch von Gewebeklebeband (auch als Stagetape oder Gaffertape bekannt) sollte man die Finger lassen. Der Kleber greift so stark die Haut an, dass jemand sogar von offenen Wunden dadurch berichtet hat. Ein paar bessere Ideen stelle ich dir hier vor.

Tipp

Egal für welche Möglichkeit du dich entscheidest, wichtig ist immer eines: nicht zu stark abzubinden, denn du willst ja nicht plötzlich wegen akuter Atemnot in Ohnmacht fallen. Durch zu enges Abbinden kann außerdem Gewebe geschädigt werden, wodurch dann auch später bei einer Mastektomie **Probleme entstehen können. Darüber hinaus habe ich selber, wie auch andere TM, durch das Abbinden über längere Zeiträume Muskelschmerzen vor allem in Nacken, Schultern und Armen bekommen. Du solltest dir daher so oft wie möglich eine Auszeit vom Abbinden gönnen, zum Beispiel wenn du zu Hause bist und beim Schlafen.**

Einfach und günstig

Elastische Binden

Beliebt ist das Abbinden mit elastischen Binden. Das sind die in unterschiedlichen Breiten erhältlichen Bandagen für Verbände. Sie sind rezeptfrei recht günstig in Apotheken erhältlich; wenn man die Preise von Versandapotheken online vergleicht, kann man meist noch günstigere Angebote finden. Welche Breite für dich am besten funktioniert, musst du ausprobieren, in der Regel haben sich 15 cm bewährt. Der Erfolg mit dieser Methode ist aber auch von der Form und vor allem der Beschaffenheit der Körperteile abhängig, die du damit abbinden willst. Weiche Brüste sind damit leichter abbindbar, bei festen ist es hingegen sehr schwierig, denn die Bandage verrutscht immer wieder.

Im Internet gibt es eine ganze Reihe an Beschreibungen von selbstgebastelten Bindern aus unterschiedlichen Ausgangsprodukten. Eine Methode, die man immer wieder findet, ist die zweckentfremdete und angepasste Miederunterhose. Die folgende Beschreibung, wie du eine solche Unterhose zu einem Binder umbauen kannst, stammt vom TransMann e.V. (www.transmann.de). Vielen Dank für die Abdruckgenehmigung!

» **Heiße Höschen**

Nun, nachdem auch diejenigen von uns, die dort überhaupt je freiwillig waren, die Damenmiederwaren- und -strumpfabteilungen hinter sich gelassen haben, finden wir uns auf einmal da wieder. Und das vor den Teilen, um die wir immer einen weiten Bogen gemacht haben – Miederhöschen und Stützstrumpfhosen. Nein, kein Scherz. Daraus kann man billige, halbwegs bequeme und effektive Binder machen.

Die Miederhöschen sollten hautfarben sein, fällt am wenigsten unter der Kleidung auf. (Ansonsten sind sie noch in Schwarz oder Weiß erhältlich.) Sie sollten über 10 Prozent Elasthan enthalten, je mehr, desto besser (der Baumwollanteil leiert nämlich aus). Die Größe richtet sich nach der sogenannten Unterbrustweite, also dem Maß direkt unterhalb der Brust. Davon zieht man circa 10 cm ab, aber man muss eventuell zwei Größen probieren. Am besten eignet sich der altmodischste Schnitt, den man finden kann, und wichtig, das Teil muss einen Zwickel haben, also ein abgenähtes Teil im Schritt, meist mit Baumwolle überzogen, das vorne und hinten mit einer Naht am Hauptteil des Höschens angenäht ist. C & A und Woolworth sind gute Quellen dafür.

Dann muss man das Ganze zurechtschneiden. Man schneidet den Zwickel heraus, aber, ganz wichtig, der elastische Rand, in den der Zwickel eingenäht ist, und der um den ganzen Beinausschnitt geht, muss stehenbleiben. Denn das ist der Träger! Wenn man Glück hat, und keinen allzu dicken Hals, dann passt es jetzt schon – Achtung, am Anfang sind die Dinger gar nicht so einfach an- und auszuziehen! Meistens wird das aber am Hals zu eng sein. Das heißt, man muss vorne durch die Naht, die den Zwickel hielt, durchschneiden, und dann weiter am Rand/Träger nach unten. Nicht zu viel rausschneiden, das kann man immer noch machen. Ankleben hingegen ist schwierig.

Dann muss man aber eine neue Naht einnähen, denn an dieser Stelle wird das Teil sehr belastet. Also den ausgeschnittenen Teil nach innen rollen (eventuell kürzen) und mit Schlingstichen (also *//////////*) annähen. Zum Nähen hat sich Zahnseide bewährt. Normales Garn reißt zu schnell, auch Knopflochseide oder Sterngarn.

Was dann noch eventuell gemacht werden muss, ist Abnäher einnähen, und zwar längs. Die Höschen sind nämlich querelastisch, was das Atmen sehr einfach macht, aber leider etwas zu viel beuteln kann. Ebenfalls stabilen Faden nehmen, und einfach längs etwas Stoff nach innen nähen. Das kann man auch gut im Bogen machen, das heißt nicht die Ränder einnähen, sondern ab dem Rand in einem Halbkreis zum Rand zurück. Dann trägt es nämlich am wenigsten auf. Wenn es nach einiger Zeit anfängt, zu sehr zu hängen, kann das daran liegen, dass sich die Träger ausgeleiert haben. Also erst mal da probehalber kürzen, ehe man neue Abnäher reinnäht.

Übrigens: In der ersten Woche oder so sind die grundsätzlich sehr eng. Man muss sie erst mal eintragen, das wird besser, und nicht nur, weil man sich dran gewöhnt hat. Eventuell kann man das mit ein paar Mal durch die Waschmaschine jagen beschleunigen.

- Vorteile: Billig (zwischen 5 und 15 Euro), dünn, stabil, effektiv, und man kann damit nicht nur atmen, sondern sogar Sport machen.

- Nachteile: Eventuell etwas Näharbeit – und das merkwürdige Gefühl, hautfarbene Miederhöschen zu kaufen.

Stützstrumpfhosen werden nach genau demselben Prinzip hergerichtet, nur dass man noch die Beine abschneiden muss und diese Stelle vernähen sollte. Sie sind nicht so effektiv, aber für kleinere „Vorbauten" durchaus geeignet. Außerdem noch billiger (3,– bis 8,– Euro) und noch dünner. “

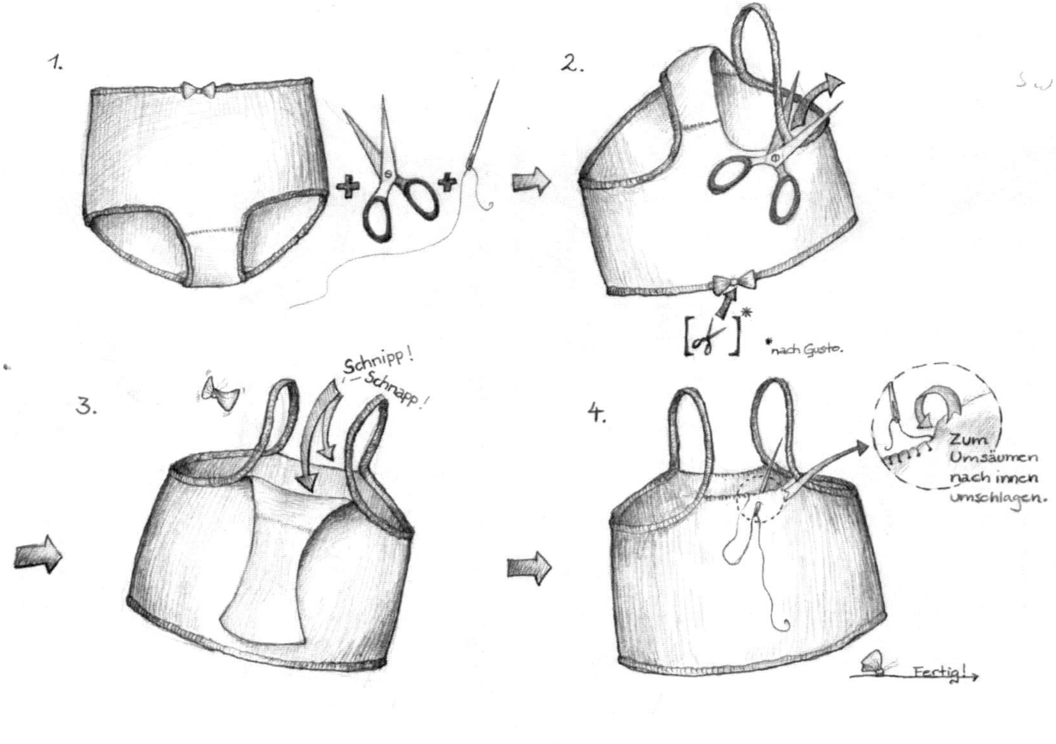
1.
2.
*nach Gusto.
3.
Schnipp!
Schnapp!
4.
Zum Umsäumen nach innen umschlagen.
Fertig!

Nierengurt

Eine andere zweckhafte Umwidmung erleben zuweilen Nierengurte aus der Motorradfahrerbekleidung. Statt sie um den Bauch zu tragen, werden sie einfach eine Etage höher verwendet. Ich habe das nie ausprobiert, aber positive Erfahrungsberichte gelesen. Also auch das ist durchaus einen Versuch wert. So ein Nierengurt hält auf jeden Fall schön warm, aber ehrlich gesagt gibt es keine Abbindemöglichkeit, mit der man nicht im Sommer fürchterlich schwitzt.

Komfortabel und teurer

Wer weder nähen will oder kann noch sich für die anderen preiswerten Abbindemethoden erwärmen mag, kann stattdessen auf eine große Auswahl fertig konfektionierter Hilfen zurückgreifen. Es gibt Kompressionshemden in langer und kurzer Form und sogar Kompressions-Schwimmanzüge. Kompressionshemden sind je nach Hersteller aus unterschiedlichen Stoffen hergestellt, manche sind vollständig aus Kunstgarnen, wie die Produkte der US-Firma Underworks, andere setzen auf Mischgewebe mit Baumwolle, wie das taiwanesische Unternehmen T-Kingdom. Allen gemein ist, dass sie in unterschiedlich starker Weise den Brustkorb abflachen. Bei allen Anbietern, von denen du im Anhang noch ein paar mehr findest als die oben genannten, gibt es eine ganze Reihe unterschiedlicher Kompressionshemden. Sie unterscheiden sich in der Dicke des Materials, der Länge der Hemden, der Art, wie sie verschlossen werden, und vor allem darin, für welche Ausgangsgröße sie geeignet sind. Herauszufinden, welche Größe eines Modells du brauchst, ist die kniffligste Sache: Du findest normalerweise eine Maßtabelle auf den Webseiten der Händler, die Maße sind jedoch meist in Inch angegeben, du musst also deine gemessenen Zentimeter entsprechend umrechnen.

Tipp
Einen guten Umrechner für viele verschiedene Maßeinheiten findest du zum Beispiel hier: http://bit.ly/z6UkEN

Neben diesen kosmetischen Kompressionshemden gibt es auch medizinische. Sie heißen eigentlich Kompressionswesten, werden aber oft „Bolero" oder „Romeo" genannt und normalerweise nach der Mastektomie verschrieben, da man sie dann ein paar Wochen tragen muss. Aber es ist natürlich auch möglich, sie ohne ärztliche Verschreibung zu kaufen. Sie sind etwas teurer als die oben beschriebenen Kompressionshemden, aber nach meiner Erfahrung sehr viel komfortabler zu tragen, da ihr Schnitt ergonomisch und das Material sehr hautfreundlich ist. Du kannst dich in Geschäften für medizinischen Bedarf (Sanitätshäuser) nach Kompressionswesten erkundigen. Hersteller sind unter anderem Cereplas, LipoDermilax, DesignVeronique oder Marena.

Ich habe vor meiner Mastektomie sehr viel herumprobiert, womit ich abbinden kann. Wenn ich da schon gewusst hätte, wie gut die medizinischen Westen sitzen und wie angenehm sie auch aufgrund ihrer Materialzusammensetzung, der Verstellmöglichkeiten und der Verschlüsse zu tragen sind, hätte ich lieber gleich in ein solches Exemplar investiert – oder in zwei, zum Wechseln.

Tipp
Um die richtige Größe für deinen Binder herauszufinden, musst du die Unterbrustweite messen. Sie wird um den Brustkorb herum, unterhalb der Brüste, gemessen. Dabei sollte man weder stark ein- noch ausgeatmet haben und das Maßband nicht straff spannen. Firmen wie Underworks bieten ihre Kompressionsbekleidung für Männer an, die eine Gynäkomastie oder einen dicken Bauch verbergen wollen. Daher finden sich dort keine exakten Hilfen, wie du messen musst, und auch die Maßtabellen

können abweichen. Dagegen bieten T-Kingdom oder Love Boat genauere Beschreibungen dazu an. Eines der wenigen, wenn nicht sogar das einzige Geschäft in Deutschland, in dem du Binder für TM kaufen kannst, ist Transtoys von Laura Meritt. Wer in Berlin ist, kann sie besuchen und die Kompressionshemden anprobieren – eine gute Gelegenheit, wenn man sich noch unsicher ist, welches Modell oder welche Größe richtig wäre. Außerdem kann man sich bei Transtoys ein Kompressionshemd auch maßschneidern lassen.

Unterhosen? Ja, gibt's auch. Schau mal weiter unten im Text unter „PH – Penishalter".

Du kannst einpacken: Packer, Stehpinkler und Prothesen

Was Mann in der Hose hat, ist so individuell wie alles am Menschen. Das variiert bei im männlichen Körper geborenen Männern genauso wie bei TM. Aber als TM hast du einen Vorteil: Wenn dein „bestes Stück" zu klein geraten oder gar nicht vorhanden ist, kannst du aus einer Fülle von Möglichkeiten wählen, um die Situation nach deinem Bedarf zu verbessern. Das fängt bei den PACKERN an, geht über PROTHESEN, die unterschiedlich „originalgetreu" aussehen, und endet bei verschiedenen operativen Maßnahmen (dazu mehr im Kapitel 7, hier geht es ausschließlich um die auswechselbaren Pimmel).

Packer und Stuffer

Ganz allgemein wird unter dem englischen Begriff Packer (oder STUFFER, ebenfalls englisch) eine DILDO-Variante verstanden, die aus weicherem Material gemacht ist und sich dadurch besser in der Kleidung unterbringen lässt, ohne dass man so aussieht, als hätte man eine Dauer-Erektion. Es gibt eine ganze Reihe verschiedener Modelle; vor allem hinsichtlich Material und Farbgebung ist in den letzten Jahren viel Neues auf den Markt gekommen. In direkter Abhängigkeit von Material und Pigmentierung stehen auch die Preise, die derzeit zwischen rund 30 und 100 Euro liegen. Meinen ersten Stuffer habe ich vor circa zehn Jahren gekauft, ich brauchte ihn für meine DRAGKING-Performances. Das Teil ist aus Silikon gegossen, damals das erste Silikon, das nicht so hart war wie ein Gummiknüppel. Aber sowohl die schwarze Farbe als auch das immer noch recht feste Material machen es ungeeignet für den Alltag eines TM.

Glücklicherweise hat sich seitdem viel getan. Inzwischen gibt es neben dem sogenannten CYBERSKIN (andere Markennamen sind zum Beispiel Softskin, Eroskin oder UR3) auch unterschiedlich weiche Silikone. Während Materialien wie Cyberskin Weichmacher enthalten, gibt es inzwischen weiche Silikone ohne chemische Weichmacher. Das ist gesundheitlich vorteilhaft, denn Weichmacher werden durch Wärme freigesetzt und stehen im Verdacht, krebserregend zu sein. Eine besondere Gruppe der Weichmacher, die Phthalate, sind gerade für TM kritisch, die Testosteron nehmen, denn sie „beeinflussen die testosterongesteuerten Entwicklungsstufen“[3], das kann also bedeuten, dass die Wirkung des Testosterons unkontrollierbar verändert wird. Darüber hinaus veröffentlichte der Bund für Umwelt und Naturschutz Deutschland (BUND) im März 2012

3 So behauptet es jedenfalls dieser Wikipedia-Artikel: http://de.wikipedia.org/wiki/Weichmacher (aufgerufen am 2.3.2012).

eine Studie, nach der Weichmacher zu Fettleibigkeit und Diabetes führen können (siehe Link im Anhang).

Für deine Kaufentscheidung ist es außerdem wichtig, dass du weißt, welche Funktion dein Packer in erster Linie erfüllen muss. Soll er …

- deinen Hosenlatz fülliger wirken lassen?
- dir im Alltag mehr Selbstbewusstsein als Mann geben?
- dir das Gefühl von Vollständigkeit vermitteln?
- am Pissoir seinen Dienst tun?
- beim Sex eingesetzt werden?

Es kann sein, dass für dich nur einer dieser Aspekte relevant ist oder dir mehrere wichtig sind. Es ist auch möglich, dass sich im Laufe der Zeit die Relevanz der einen oder anderen Funktion ändert. Mit ziemlich großer Sicherheit wirst du nicht einen einzigen Packer kaufen, und das war's dann, sondern verschiedene Modelle ausprobieren und in unterschiedlichen Situationen einsetzen.

Es gibt sehr viele Anbieter von Packern im In- und Ausland. Im Anhang findest du die Webadressen einiger bewährter Online-Shops. Daneben gibt es aber natürlich auch die Läden vor Ort, zum Beispiel Frauen-Sexshops, die in der Regel auch Männer an bestimmten Tagen einlassen. Es wäre hier unsinnig, auf einzelne Packermodelle einzugehen, denn die Palette ändert sich recht oft hinsichtlich Form, Farbe und Material. In Foren, wie zum Beispiel dem FTM-Portal, und bei TM-Stammtischen kannst du dich gut mit anderen über deren Erfahrungen sowohl mit Packermodellen als auch mit Händlern austauschen.

Wenn du eine sehr günstige, einfache „Packung" brauchst, kannst du sie leicht auch selber herstellen. Eine Anleitung, wie du mit einem Kondom und Haargel einen Packer basteln kannst, findest du auf der Website des TransMann e.V.

Stuffer - Vielfalt
Holz
ganz Harte
Gel im Kondom
Flexible
Keramik
Penis-Hülse
Ethnologen
für
Heimwerker
Styropor
Vitamin-Enthusiasten
Obst und Gemüse
Vielseitige
Latex / Gummi
Konservative
Socke
Man achte, neben der Größe, vor allem auf zweckmäßige Anbringung!
Nichts ist lästiger, als die Körperergänzung durch das Hosenbein zu verlieren!

Pinkelhilfen – STP

Viele der Packer können relativ einfach zu einer Urinierhilfe umgebaut werden, die es dir ermöglicht, im Stehen zu pinkeln. Das wird dann auch STP genannt, Stand To Pee. Im Grunde brauchst du dazu nur einen Gegenstand, mit dem du einen Kanal durch den Packer bohren kannst, ein Stück Silikonschlauch und einen Trichter, mit dem der Urin aufgefangen und in den Schlauch geleitet wird. Zahlreiche Anleitungen dazu findest du im Internet, suche einfach nach STP. Falls aber Basteln nicht so deine Sache ist, gibt es diese Kombinationen auch fertig zu kaufen bei fast allen Anbietern, die Packer verkaufen. Du findest im Anhang die Adressen einiger Anbieter von STP-Lösungen.

Mein STP-Packer-Eigenbau

Ich brauche meistens keinen STP-Packer, aber wenn ich zum Beispiel mit dem Motorrad unterwegs bin, ist es dann doch angenehmer, unterwegs nicht die Hose herunterlassen zu müssen, sondern sich einfach hinzustellen. Ich habe mir daher einen eigenen STP gebaut, den du ganz einfach nachbauen kannst. Das brauchst du dazu:

- 1 „Whiz Freedom“ (circa 15 Euro) oder, noch besser, aber leider nicht im Bild: 1 „GoGirl“, den man in Europa auch bei Transtoys oder bei einem spanischen Webshop bestellen kann (Bezugsadressen findest du im Anhang); der „GoGirl“ ist flexibler und daher angenehmer zu tragen
- 1 Packer in der für dich richtigen Größe, am besten einen, der innen einen biegsamen Stab hat, zum Beispiel „Mr. Smith“, 28 Euro bei Transtoys
- 1 Stück Silikonschlauch mit 12 mm Innendurchmesser und 2 mm Wandstärke (2 m kosten circa 8 Euro)
- 1 Haushaltsschere, einen Cutter oder Ähnliches

Nimm dir als Erstes den Packer. Wenn du einen mit Stab gekauft hast, kannst du einfach unten an der Basis (der flachen Seite der „Hoden“) ein Loch hineinbohren und dich allmählich an dem Stab entlangarbeiten, bis du diesen herausziehen kannst. Bei einem Packer ohne diesen Stab musst du das Loch von der Basis bis zur Spitze mit viel Fingerspitzengefühl bohren. Manche empfehlen dafür einen heißen Schraubenzieher, aber damit muss man sehr aufpassen, um den Packer nicht zu durchlöchern.

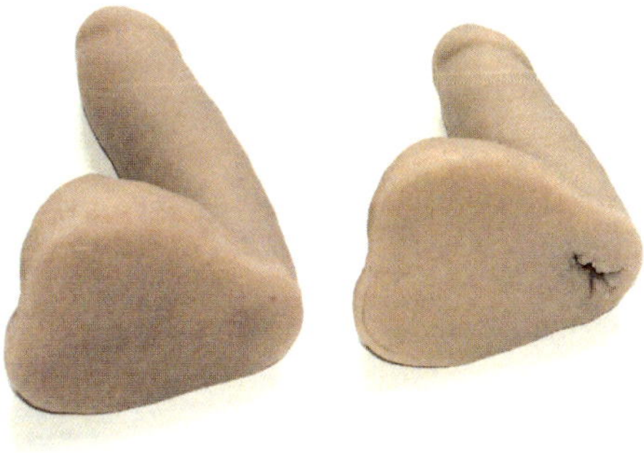

Links „Mr. Smith" vor der OP, rechts nach Entnahme seines Stabes (im Bild zwei unterschiedlich große Modelle).

Dann nimmst du den Trichter und schneidest einen Teil seiner Röhre ab. Ich habe 2,5 cm stehen lassen. An dieser Stelle passt der 12-mm-Silikonschlauch sehr gut hinein. Du schneidest nun also ein Stück des Schlauchs ab. Die Länge ist davon abhängig, wie weit du den Schlauch in den Trichter hineinschiebst (lieber etwas mehr als zu wenig) und wie lang dein Packer ist. Bei mir ist das Schlauchstück 10 cm lang. Stecke das Schlauchstück einfach in den Trichter. Ich klebe ihn nicht fest, das erleichtert die Reinigung, und bisher ist der STP weder undicht gewesen noch auseinandergefallen.

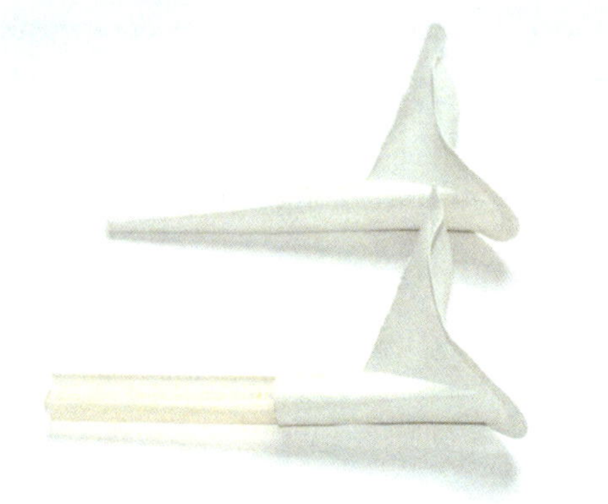

Oben der „Whiz Freedom“ im Originalzustand, unten optimiert.

Der Silikonschlauch ist flexibler als die Originalröhre des „Whiz Freedom“ und deshalb für das Tragen im Packer geeigneter. Nun kannst du den Silikonschlauch samt Reststück des „Whiz“ in deinen vorbereiteten Packer schieben (eine etwas friemelige Angelegenheit, aber dafür sitzt es dann). Und einpacken.

So sieht das Prachtstück dann aus. Er wirkt etwas erigiert, lässt sich aber gut knicken und verpacken.

Übung macht den Meister

Egal ob du dir selber eine Pinkelhilfe baust oder eine fertige kaufst, du solltest zunächst zu Hause den Umgang damit üben. Es ist ja nicht so lustig, sich an ein Pissoir zu begeben und dann mit nasser Hose herauszukommen. Übe also erst mal, zu Anfang vielleicht in der Dusche oder Badewanne, ohne Bekleidung. Steigere dann langsam den Schwierigkeitsgrad. Es ist zum Beispiel schwieriger, mit dem Packer zu pinkeln, wenn du eine Unterhose anhast. Noch schwieriger wird es mit Hose. Und schließlich kannst du dich an die Toilette zu Hause wagen. Meine ersten Freilandversuche habe ich im Wald gemacht, irgendwann ging es dann mal in einer Kneipe zum Pissoir.

Aber ganz ehrlich: Das Pinkeln im Stehen macht ebenso wenig einen Mann wie eine Schwalbe den Sommer. Immer wieder wird behauptet, es wäre „verdächtig", wenn man nicht ans Pissoir, sondern in die Kabine ginge. Das ist Unsinn, denn viele CIS-MÄNNER haben „Pinkelhemmung" in Gegenwart anderer und gehen deshalb in die Kabine. Und dass es sich in privaten Wohnungen gehört, sich beim Urinieren zu setzen, ist ja wohl selbstredend.

PH – Penishalter statt Büstenhalter

Ob mit oder ohne Urinierhilfe, irgendwie musst du deinen Packer so unterbringen, dass er dir nicht unterwegs durchs Hosenbein entwischt oder plötzlich dein Heck statt deines Bugs ziert. Natürlich kannst du das gute Stück einfach so in die Unterhose stecken. Wenn diese eng genug ist, deine Hose stramm sitzt und du dich gemächlich bewegst, dürfte das reichen. Es gibt aber verschiedene Halter für Packer zu kaufen, die den Komfort und die Sicherheit erhöhen. Sie unterscheiden sich vor allem darin, wie zuverlässig sie im täglichen Gebrauch sind.

Ein sehr einfaches Modell besteht aus einem Elastikband um die Hüfte, einem kurzen Band, in das der Schaft des Packers eingehängt wird, und einem Fixierband, das zwischen den Pobacken durchgeführt wird. Das funktioniert meiner Erfahrung nach dann, wenn du eher engere Unterhosen trägst. Mit weiten Boxershorts kann es passieren, dass sich dein gutes Stück selbstständig macht. Etwas umfangreicher gestaltete PHs halten den Packer zuverlässiger.

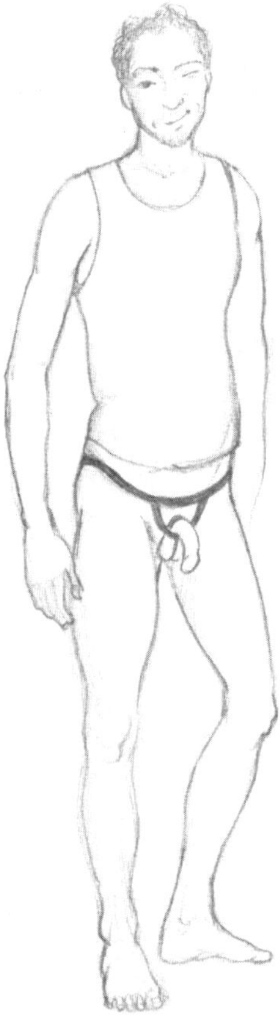

Hier ein einfacher Harness mit Packer.

Wenn du vermeiden möchtest, dass das Material des Packers konstant mit deiner Haut in Berührung kommt (wozu ich dir besonders bei den Packern mit Weichmachern rate), dann ist ein Modell gut, bei dem eine Schicht Stoff oder Leder zwischen deiner Haut und dem Packer liegt.

Und hier die etwas komfortablere Variante.

Und noch eine Bastelanleitung: Über das Internet hat sich die Idee verbreitet, einen Jockstrap so umzunähen, dass er als Packersack nutzbar ist. Du brauchst dafür kein Shaolin-Meister der Nähnadel zu sein, denn hier reichen ein paar einfache Nähstiche aus. Jockstraps haben den Vorteil, preiswert erhältlich zu sein und zugleich sexy-maskulin auszusehen (na ja, jedenfalls an manchen Leuten). Es fällt auch in einer Umkleide nicht weiter auf, wenn du unter der Unterhose einen Jockstrap trägst, denn manche Männer tun das eben, zum Beispiel unter den schlabberigen Boxershorts. Den Link zur Umnähbeschreibung findest du im Anhang.

Es ist aber auch möglich, den Jockstrap ohne Veränderungen zu nutzen. Dazu muss er klein genug sein, um ein strammes Säckchen für den Packer zu bieten.

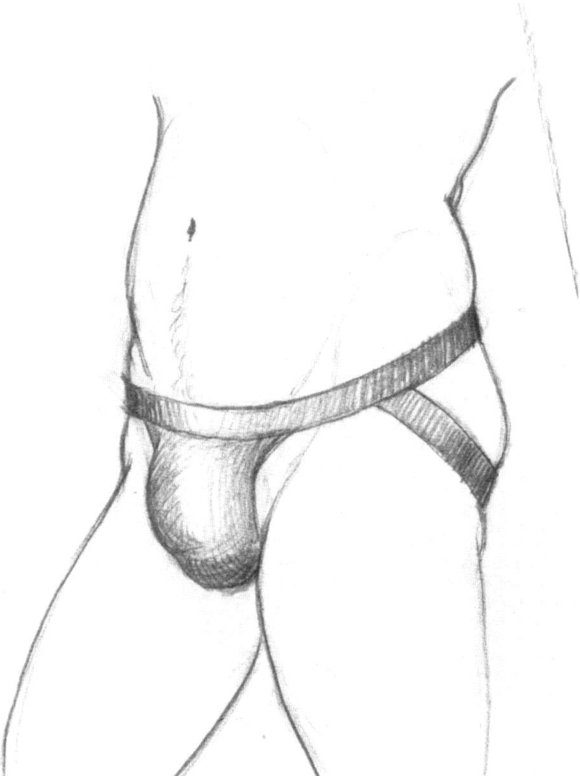

So sieht ein Jockstrap mit Packerfüllung aus.

Inzwischen kaufe ich gezielt geeignete Unterhosen und nähe diese zu Packerhosen um. Es gibt dabei wieder einmal verschiedene Möglichkeiten. Unterhosen mit klassischem Eingriff (also der in der Y-Form) sind super. Ich nähe den Durchgriff an der Außenseite zu, der Packer wird durch die Öffnung an der Innenseite eingelegt und bleibt dort auch. Damit kann ich prima Sport machen, tanzen, einfach alles.

Eine andere, nur etwas aufwändigere Variante ist das Einnähen eines Säckchens in die Unterhose. Das mache ich bei sogenannten Retrohosen und eng geschnittenen Boxershorts. Bei weiten Boxershorts geht das nicht. Ich schneide aus Stoff ein Stück in der nötigen Länge und Breite ab. Die Stoffkanten werden gegen das Ausfransen mit einem Schlingstich versäubert, dann wird das Stoffstück innen festgenäht. Ich nutze dafür die Nähte der doppelten Stofflage an der Front der Unterhose. Auf diese Weise bleiben meine Nähstiche unauffällig. Eine Alternative ist es, ein richtiges Säckchen zu nähen, das mit Klettverschluss am Bund der Unterhose befestigt wird.

Verblüffend realistisch: Penisprothesen

Im Prinzip ist auch ein Packer schon eine Penisprothese, aber PROTHESEN unterscheiden sich von Packern dadurch, dass sie in höherem Maße realistisch aussehen sollen, um einen optisch vollwertigen Ersatz für einen Penis zu bieten. Solche Bemühungen schlagen sich natürlich deutlich im Preis nieder. Penisprothesen werden zudem nicht in Haltevorrichtungen getragen, sondern mit medizinischem Kleber auf der (rasierten!) Haut befestigt. Du findest im Anhang die Internetadressen einiger Prothesenhersteller.

Auch manche EPITHETIKER stellen Penisprothesen her. Während bei Prothesen der Schwerpunkt auf der Funktionalität liegt – die Fähigkeit, zu urinieren und Geschlechtsverkehr auszuüben –, sind Epithesen vor allem auf den ästhetischen Effekt ausgerichtet. Sie sollen im höchstmöglichen Maß realistisch aussehen. Hier wird sehr viel Wert auf das Griffgefühl des Materials, die Form und die Farbe gelegt. Dazu wird zum Beispiel die Farbe des Materials so exakt wie möglich an die Hautfarbe des Trägers angepasst. Eine solche Maßanfertigung ist ziemlich teuer. Aber es gibt in Deutschland die Möglichkeit, eine Prothese oder Epithese als Krankenkassenleistung anerkennen zu lassen, wenn man keine PHALLOPLASTIK will (dazu mehr im Kapitel 7). Wenn dich diese Option interessiert, dann höre dich am besten bei TM um, die bereits eine Prothese oder Epithese von ihrer Krankenkasse finanziert bekommen haben. Wenn du dich gut genug informiert fühlst über diese Möglichkeit, kannst du deine Kasse darauf ansprechen.

Haarige Sachen

Kurzhaarschnitt? Lange Mähne? Oder direkt eine Glatze? Zumindest Letzteres wird für einige derjenigen, die Testosteron nehmen, früher oder später ohnehin der Fall sein. Aber für welche Haartracht entscheidet man sich zumindest bis dahin? Im Grunde ist es ganz einfach: Der Haarschnitt sollte zu deinem gesamten Erscheinungsbild passen, also zu Bekleidung und Verhalten. Er sollte vor allem dir selber gefallen. Auch das soziale Umfeld, in dem man lebt, sowie der Freundeskreis spielen dabei eine Rolle. Heavy-Metal-Fan, Emo, (Ex-)Butch und Extremsportler haben da sicherlich ihre jeweils eigenen Vorstellungen. Oft wird unter TM diskutiert, ob nicht der 08/15-Herrenhaarschnitt das PASSING erleichtere. Möglicherweise wirkt ein eher feminines Gesicht mit einer kantigen Kurzhaarfrisur etwas maskuliner, und in der Wahrnehmung vieler Zeitgenossen sind lange Haare mit Weiblichkeit assoziiert, aber grundsätzlich ist die Frisur doch nur ein kleiner Stein im Mosaik der Männlichkeit.

Und da wir schon von Haaren sprechen: Die im Gesicht sind ein großes Thema bei Transmännern, die problemlos „durchgehen" wollen. Während manche auch schon ohne HORMONSUBSTITUTION zumindest über sichtbaren Flaum verfügen, müssen sich viele andere gedulden. Oft genug beginnt der Bartwuchs eher schleppend – wer dunkle Haare hat, ist da natürlich im Vorteil Blondbärtigen gegenüber, denn dunkles Gesichtshaar sieht man schon im Flaumstadium. Bis aus dem Flaum aber kräftige Stoppeln werden, kann individuell unterschiedlich viel Zeit vergehen.

Wenn du ungeduldig bist, kannst du dir auch einen Bart kleben, wie es DRAGKINGS tun. Auf der Website des TransMann e.V. findest du unter „Praktisches" eine hilfreiche Beschreibung der Techniken des Bartklebens.

Verhalten und Körpersprache

Wer sich schon einmal schauspielerisch oder als Dragking oder Dragqueen ausprobiert hat, weiß genau, wie viel allein die Körpersprache auszurichten vermag. Ist sie durchgängig an den Erwartungen und Rollenklischees orientiert, spielt die Bekleidung schon eine deutlich kleinere Rolle. Daher weiß nicht nur Judith Butler,[4] dass das SOZIALE GESCHLECHT vor allem Performance, Darstellung, ist. Zwischen dem Auftritt als Dragking und dem Leben als TM gibt es aber Unterschiede. Während ein Dragking gerne Klischees maskulinen Verhaltens auf die Spitze treibt, um ironisch damit zu spielen, würdest du damit auf der Straße eher in unerwünschter Weise auffallen. Es laufen zwar eine Menge CIS-MÄNNER herum, die eher wie Karikaturen von Männlichkeit wirken, aber nicht jeder möchte als daueraggressiver, testosteronüberfluteter Macho wahrgenommen werden.

Wenn du dich entscheidest, in deinem Wunschgeschlecht zu leben, das von deinem Geburtsgeschlecht abweicht, hast du bereits eine sehr wichtige Sache entdeckt: dass es dir wichtig ist, so zu leben, wie du bist. Das gleiche Prinzip kannst du auch auf das tägliche Verhalten, auf deine „Performance", anwenden. Sei einfach, wer du bist! Ich kenne das selber gut, dass man sich andere Männer ansieht und ihr Verhalten studiert

---

4 Die schon wieder ...! Siehe Fußnote 2.

auf der Suche nach geeigneten Vorbildern und in dem Wunsch, Verhaltensregeln zu lernen.

Aber in Wirklichkeit gibt es keine eindeutige, keine einzig wahre „Männlichkeit", und auch die immer mal wieder erwähnten Verhaltensregeln sind weitaus weniger gültig, als man zuerst glaubt; wenn du genau hinsiehst, merkst du das schnell. Es ist zum Beispiel völlig egal, ob du auf einer öffentlichen Toilette die Kabine benutzt oder am Pissoir stehst. Kein Mann wird die Ohren spitzen, wenn du in die Kabine gehst, um herauszufinden, ob dein Pinkeln „weiblich" oder „männlich" klingt. Ich schreibe das, weil ich im Internet tatsächlich solche Ratschläge gefunden habe, die ich für ziemlich paranoid halte. Nein, wer am Pissoir steht, ist gerade sehr mit sich selber beschäftigt. Da ist es schon riskanter, sich an das Nachbarurinal zu stellen und zum Nachbarn zu schauen. Das kann von homophoben Männern als unerwünschte Anmache interpretiert werden.

Was fällt dir noch ein, wenn du dir angeblich „männliches Verhalten" vorstellst? Breitbeiniges, raumgreifendes Gehen? Auf die Straße spucken? Jeder Frau, die dir entgegenkommt, auf den Busen starren? Deutlich mehr trinken, als gut für dich wäre? Was immer es ist, frage dich, wie viel das mit dir, mit deiner Persönlichkeit zu tun hat. Wer bist du selber und welches Verhalten ist für dich authentisch? Das ist der Schlüssel zu einem entspannten Leben im Alltag.

3 Professionelle Hilfe: Die Psychotherapeutische Begleitung

Die Aussicht, zu einem Psychotherapeuten oder einer Psychotherapeutin zu gehen, ist sicher für viele mit der Vorstellung behaftet, dass man nun als krank gilt und zum „Seelenklempner" gehen soll. Aber in einer Psychotherapie kannst du mit einer emotional unbeteiligten Person, die zudem der Schweigepflicht unterliegt, deine sonst vielleicht geheim gehaltenen Fragen, Wünsche, Träume und auch Zweifel besprechen.

In einer guten Psychotherapie wirst du nicht in eine Richtung gedrängt oder so manipuliert, dass du eine bestimmte Entscheidung triffst, sondern du wirst darin unterstützt, dich selber besser kennenzulernen, zu erkennen, was du willst, und herauszufinden, wie du dies erreichst. Das setzt natürlich zwei Dinge voraus: zum einen, dass du in den Therapiesitzungen ehrlich gegenüber dir selbst und dem Therapeuten bist, zum anderen, dass dieser keine vorgefasste Meinung zu deinem Kernthema, zur Transidentität, hat. Eine qualifizierte Therapeutin wird auch in der Lage sein, strukturiert und differenziert mit dir herauszufinden, ob du tatsächlich mit deiner Geschlechtsidentität haderst oder vielleicht doch (zunächst) bei ganz anderen Problemen Hilfe brauchst.

Eine psychotherapeutische Begleitung kann (und soll!) eine Chance für dich sein, keine Last. Sie ist keine Pflicht, wird aber in den „Standards der Behandlung und Begutachtung von Transsexuellen"[5] empfohlen: „Die psychotherapeutische Begleitung hat in Verbindung mit dem Alltagstest zentrale Bedeutung in der Behandlung transsexueller Patienten und muß in jedem Fall vor der Einleitung somatischer Therapiemaßnahmen stehen." Der Medizinische Dienst der Krankenkassen (MDK) hat

---

5 Die „Standards" wurden 1997 herausgegeben, angelehnt an die internationalen „Standards of Care". Sie sollen die Lücke schließen, die zwischen Rechtsprechung (besonders dem Transsexuellengesetz von 1980) und medizinischer Diagnose und Versorgung entstanden ist.

daraus abgeleitet, dass die psychotherapeutische Begleittherapie verpflichtend durchgeführt werden müsse, bevor weitere Maßnahmen möglich seien. Mach das Beste für dich daraus: Such dir eine gute Therapeutin/einen guten Therapeuten. Die Psychologin Brigitte Vetter meint dazu, dass „[...] nur jedem Menschen mit transsexuellem Wunsch eindringlich empfohlen werden [kann], in den deutschen ‚Standards' [...] eine Hilfe und keine Einschränkung der Freiheit zu sehen, und nicht zu versuchen, sie durch Aufsuchen inkompetenter ‚Fachleute' zu unterlaufen."[6] In den „Standards" sind zudem die Qualifikationen geeigneter Therapeuten und Therapeutinnen definiert, was dir bei der Suche helfen kann.

Eine Psychotherapie soll dich dabei unterstützen, deine Identität auszuloten, herauszufinden, welcher Weg der Transition für dich geeignet ist, wie du dein COMING-OUT machst oder auch, wie du es vermeiden kannst. Ein Therapeut wird dich zum Beispiel fragen, was dein Ziel für die Therapie ist, was du von ihm erwartest und ob es Themen gibt, die du explizit ausklammern möchtest. Die Form der Therapie kann unterschiedlich sein, das hängt vom Therapeuten wie auch vom Hauptthema ab. Bei Transidentität wird meist die Gesprächstherapie eingesetzt. Bei deinem ersten Termin mit der Therapeutin oder dem Therapeuten klärst du auch die Therapiemethode.

TIPP

Du kannst dich über Therapeuten in deiner Region, die Erfahrung mit dem Thema TRANS* haben, wie auch über andere Ärzte im Forum des FTM-Portals informieren (Adresse findest du im Anhang). Du kannst dich auch an die Psychotherapeutenkammer deines Bundeslandes wenden, um dort gezielt nach qualifizierten Therapeutinnen zu suchen. Im Anhang findest du dazu die Webadressen der Kammern.

---

6 Vetter 2010, S. 290 (siehe Literaturverzeichnis im Anhang).

4 Legale Drogen: Die Hormonsubstitution

Hormone sind ein mächtiger Bestandteil unseres Körpers. Als Botenstoffe steuern sie viele verschiedene Prozesse, und die Wechselwirkungen aller Hormone im Körper sind zwar zu einem großen Teil, aber noch nicht vollständig medizinisch erfasst. Alle Menschen verfügen prinzipiell über die gleiche hormonelle Ausstattung, allerdings in individuell unterschiedlichen Mengen. Zu den Sexualhormonen gehören die Androgene, Östrogene und Gestagene. Die meisten kennen nur die beiden Hormone Östradiol (Estradiol) und Testosteron; Ersteres gehört zu den Östrogenen, Letzteres zur Gruppe der Androgene. Fälschlicherweise wird Östradiol oft als „weibliches" und Testosteron als „männliches" Hormon bezeichnet, obwohl beide Hormone in Frauen- wie in Männerkörpern vorhanden sind. Die Menge des wirksamen Östradiols oder Testosterons im Körper ist zudem nicht stabil, sondern verändert sich immer wieder, zum Beispiel durch Umwelteinflüsse, Ernährung oder je nach Altersphase. Die sogenannten Normwerte für Testosteron bei Männern zeigen zum Beispiel eine große Spannweite: 1,93 bis 8,36 ng/ml (Nanogramm pro Milliliter Blut). Wenn deine Hormonwerte unterhalb dieses Normbereichs liegen, kannst du zusätzliches Testosteron erhalten. Man spricht dann im Medizinerjargon von „Substitution", also von Ersatz: Das, was dein Körper nicht in ausreichender Menge selber produziert, wird dir von außen zugeführt.

Die Frage, ob man mit einer Testosteronbehandlung anfangen will, stellt sich irgendwann jedem TM. Die Antwort darauf fällt allerdings sehr individuell aus. Für die einen ist die Hormonsubstitution ein absolutes Muss, andere wollen Testosteron nur eine Zeit lang nehmen, um bestimmte Attribute des Erscheinungsbildes zu erreichen, und schließlich gibt es auch Transgender, die aus unterschiedlichen Gründen gänzlich darauf verzichten. Es gibt für niemanden mit Transidentität die

Verpflichtung zur Hormontherapie. Selbst im Rahmen der Vornamensänderung (dazu mehr im Kapitel 6) spielt es keine Rolle, ob du mit Testosteron versorgt bist.

Nach meiner Beobachtung wollen aber viele TM ihr Erscheinungsbild deutlich und dauerhaft verändern, und dies ist nur unter Hormoneinfluss möglich. Der Wunsch nach einer tieferen Stimme, nach einem maskulineren Gesicht einschließlich Bartwuchs und anderen visuellen Veränderungen ist oft ausgeprägt. Und diese Veränderungen finden unter dem Einfluss von Testosteron auch statt, es ist lediglich sehr individuell, wie schnell und wie intensiv das geschieht. Du kannst daher davon träumen, eines Morgens als muskulöser, behaarter Mann aufzuwachen, wann oder ob überhaupt dein Traum in Erfüllung geht, ist nicht vorhersehbar. Weil die hormonellen Wirkungen im Zusammenspiel mit individuellen genetischen Faktoren und möglicherweise weiteren Einflüssen so komplex sind, kann das substituierte Testosteron schnell oder langsam, stark oder schwach wirken.

Testosteron führt nicht zur Entwicklung von völlig neuen Anlagen in deinem Körper. Es wird vielmehr das verstärkt, was sowieso da ist. Oder, wie ein Endokrinologe einmal zu mir sagte: In allen Menschen ist alles in gleicher Weise bereits angelegt. Mit Hormonen werden diese Anlagen stimuliert und zu einer stärkeren Ausprägung gebracht. Das wird zum Beispiel auch dadurch deutlich, dass im männlichen Körper geborene Frauen unter Einwirkung von Östrogenen Brustdrüsengewebe bilden können.

Wie erhalte ich Testosteron?

Zunächst einmal das Wichtigste: Lass dich nie auf illegal gehandelte Testosteronpräparate ein! In bestimmten Sportlerkreisen werden sogenannte Geheimtipps gehandelt, wie man über das Internet Steroide[7] erhält. Die Quellen dieser Produkte sind ebenso zweifelhaft wie ihre Qualität. Zudem werden in diesen Sportlerszenen Einnahmemengen propagiert, die viel zu hoch sind und zu extremen Gesundheitsschäden führen, besonders am Herzen.[8] Also: Finger weg davon! Außerdem sind Hormonpräparate in Deutschland verschreibungspflichtig und jeder, der außerhalb dieser gesetzlichen Vorschriften damit handelt oder sie bezieht, macht sich strafbar. Du kannst deine Hormonsubstitution völlig legal und unter ärztlicher Kontrolle erhalten, was die Risiken deutlich mindert.

Im Prinzip kann jeder zugelassene Arzt Hormonpräparate verschreiben. Die eigentlichen Fachleute sind jedoch die Endokrinologen, und du wirst mit ziemlich großer Sicherheit dorthin verwiesen werden. Im Regelfall verlangt der Endokrinologe ein paar Zeilen des Psychotherapeuten, der deine Therapie durchführt. Mit diesem Schriftstück wird die Diagnose Transidentität bestätigt, da ein Endokrinologe diese Diagnose in der Regel nicht selber stellt. Bevor du aber das Rezept für die Hormone erhältst, wird ein umfangreicher Bluttest gemacht, um zu überprüfen, wie deine aktuellen Hormonwerte, aber auch zum Beispiel deine Leberwerte sind. Während der Hormonsubstitution sollten diese Werte in regelmäßigen Abständen geprüft werden, um eine Unter- oder Überversorgung mit Testosteron ebenso auszuschließen wie eine Belastung der Leber.

Manche Endokrinologen verlangen zudem vor der Verschreibung von Testosteron einen Laborbefund über deinen Chromosomenstatus, um eine Intersexualität auszuschließen. Bestimmte Arten der Intersexualität basieren auf genetischen Besonderheiten, die am Chromosomensatz erkennbar sind.

---

7 Steroid ist ein Oberbegriff für eine ganze Fülle an Hormonen, zu denen auch Testosteron gehört. Oft wird in Internetforen von Steroiden gesprochen oder auf Websites dafür geworben, gemeint sind aber meist künstliche Testosteronderivate aus minderwertiger Produktion, die Anabolika.

8 Baggish 2010 (siehe Literaturverzeichnis im Anhang).

Auch Intersex-Menschen können auf Wunsch eine Hormonsubstitution und Operationen erhalten, es wird lediglich ein anderer Diagnoseschlüssel bei den Ärzten und Krankenkassen angewendet – eine reine Formalie also und kein Grund zur Sorge. Die „Standards der Behandlung und Begutachtung von Transsexuellen" empfehlen übrigens die Prüfung des Chromosomensatzes.

In welchen Formen ist Testosteron erhältlich?

Testosteron ist in verschiedenen Formen erhältlich: als Serum, das gespritzt wird, als Gel zum Auftragen auf die Haut, in Form von Tabletten, als Pflaster und als Implantat. Welche dieser Formen für dich geeignet ist, wird dein Arzt mit dir entscheiden. Dabei spielen zum Beispiel deine Lebenssituation, aber auch die gewünschte Intensität der Wirkung eine Rolle.

Meist werden zu Anfang einer Testosteronsubstitution Spritzen empfohlen. Das Medikament wird INTRAMUSKULÄR gespritzt und bildet ein DEPOT für einen bestimmten Zeitraum. So ist das Produkt Nebido ein Drei-Monats-Depot, Testoviron ist als Vorrat für zwei bis drei Wochen geeignet. Die intramuskuläre Testosterongabe wird oft von den Ärzten am Anfang empfohlen, um einen kräftigen Anschub der körperlichen Entwicklung zu bewirken.

Wie man das individuell verträgt, muss man zunächst herausfinden. Viele TM berichten von starker Pickelbildung bis hin zur Akne – typisch Pubertät eben. Auch die Stimme wird bei den meisten durch die Depotspritzen recht schnell deutlich tiefer. Andere Attribute, wie Körper- oder Gesichtsbehaarung, können dagegen trotz der sonst starken Wirkung des Präparates auf sich warten lassen. Aber das ist eben von Mensch zu Mensch sehr unterschiedlich.

Wer die Depotspritzen nicht so gut verträgt, eine unüberwindbare Spritzenphobie hat oder eine gemächlichere Entwicklung möchte, kann stattdessen Testosterongel verwenden. Es gibt zum Beispiel das Produkt Testogel, das in 50-ml-Einheiten abgepackt und daher in der Dosierung leicht handhabbar ist. Gele können aber auch von Apotheken oder Laboren selber produziert werden. Diese Produktionen können interessant sein, wenn man eine andere Dosierung haben möchte oder wenn die Haut mit dem recht hohen Alkoholgehalt der üblichen Gele nicht zurechtkommt. Im Anhang findest du die Adresse der Einhorn Apotheke Hamburg Altona, die eine Creme ohne Alkohol herstellt. Ein Rezept deines Arztes ist natürlich auch dort nötig.

Gele oder Cremes werden auf die Haut aufgetragen (Medizinerinnen sprechen von „perkutaner Applikation") und müssen dort ein paar Minuten einziehen. Diese Form der Anwendung erfordert einen einigermaßen regelmäßigen Tagesablauf, denn die Präparate sollten täglich zu etwa der gleichen Tageszeit aufgetragen werden.

TIPP

Wenn du ein alkoholhaltiges Testosterongel zum Auftragen auf die Haut verwendest, kannst du deine Haut vor Schäden schützen, indem du abends (wenn du morgens aufträgst) die Reste der Trägersubstanz abwäschst und die Haut mit einer pflegenden Hautcreme oder zum Beispiel mit Olivenöl einreibst.

Spritzen und Gel sind zurzeit die Anwendungsformen, die bei der Testosteronsubstitution am meisten eingesetzt werden. Testosterontabletten werden heutzutage nicht mehr verschrieben, weil sie die Leber stark belasten. Neuere Produkte sind Pflaster und Implantate. Letztere sind die jüngste Entwicklung in der Hormontherapie, bisher sind sie noch sehr wenig verbreitet. Wenn dich diese neuen Präparate interessieren, sprichst du am besten deine Endokrinologin an.

Was Testosteron bewirkt und was nicht

Wie dein Körper auf das zusätzliche Testosteron reagiert, ist nicht vorhersehbar. Es kann durchaus sein, dass du sehr schnell eine tiefe Stimme und einen dichten Bart bekommst. Ebenso ist es möglich, dass dir rasch ein Bart wächst, aber deine Stimme sich Zeit mit ihrer Veränderung lässt. Oder umgekehrt. Oder alles geht ganz, ganz langsam. Grundsätzlich werden sich aber früher oder später folgende Veränderungen einstellen:

Das **Unterhautfett** wird zum Teil abgebaut, zum Teil umverteilt. Daher wirkt zum Beispiel das Gesicht allmählich kantiger, während es vorher, unter dem Einfluss von Östrogenen, durch Unterhautfett weicher und runder erschien. Körperfett an Oberschenkeln und Po kann vermindert werden, dafür droht aber die typisch männliche Fettablagerung am Bauch. Für „Bauch, Beine, Po" lohnt sich auf jeden Fall regelmäßiger Sport. Da auch das Fettgewebe in der Brust verringert wird, kann es sein, dass sich die Brüste verkleinern.

Die **Muskelmasse** wird unter dem Einfluss von Testosteron vergrößert. Zwar bekommst du nicht allein durch die Hormonsubstitution Oberarme wie Arnold Schwarzenegger, aber du wirst sogar ohne Training einen gewissen Kraftzuwachs feststellen. Krafttraining ist aber generell keine schlechte Idee, wenn du die Entstehung einer eher männlichen Körperform unterstützen möchtest, wie zum Beispiel breitere Schultern. Aus einer kleinen Person wird aber durch Testosteron kein Hüne, und wer breite Hüftknochen hat, kann auch daran nichts durch HORMONSUBSTITUTION oder Sport ändern.

Die **Stimme** wird, früher oder später, tiefer. Testosteron bewirkt, dass die Stimmlippen länger und dicker werden. Dadurch wird die Form der Stimmritze im Kehlkopf verändert und die Stimme sinkt. Welche Tiefe deine Stimme letztlich haben wird, ist wiederum genetisch vorbestimmt. Manche TM beobachten, dass ihre Stimme gelegentlich etwas höher klingt, und führen das auf Schwankungen im Hormonspiegel zurück.

Wissenschaftlich nachgewiesen ist dies nicht, wie so vieles im Zusammenhang mit Transidentität. Allerdings wird auch bei alten Männern oftmals die Stimme etwas höher. Generell gilt die tiefere Stimme, zusammen mit der Gesichts- und Körperbehaarung, aber als ein Effekt der Testosteronbehandlung, der sich nicht rückgängig machen lässt. Darauf wird dich auch jeder Arzt aufmerksam machen, bevor er dir die Hormonsubstitution verschreibt.

Neben den oft sehnlich herbeigewünschten Effekten der Hormone gibt es natürlich auch die nicht erwünschten. **Haarausfall** ist ganz sicher einer davon, viele TM fürchten sich davor genauso wie die im männlichen Körper geborenen Männer. Auch hier lassen sich vor der Hormontherapie keine Aussagen darüber machen, wie sich das Testosteron auf dein Haupthaar auswirken wird, denn dies ist genetisch festgelegt. Vielleicht hilft ein Blick auf die männlichen Häupter in deiner Familie, aber auch daraus kann man nur eine Vermutung ableiten. Sollten deine Kopfhaare weniger werden, so betrachte es als Wanderung: Sie haben sich vermutlich in Richtung Brust und Bauch bewegt. Manche TM aber, die früher sehr dünnes Haar hatten, bemerken eine Festigung der Haarstruktur seit der Einnahme von Testosteron.

Mit sehr großer Wahrscheinlichkeit wird sich bei dir eine stärkere **Körperbehaarung** bilden. Selbst wenn du nicht dafür prädestiniert bist, zum Gorilla zu mutieren, wird sich eine gewisse Haarpracht an den Beinen, den Armen und auf dem Bauch entwickeln. Vielleicht ist der Ausdruck „Pracht“ sogar übertrieben, aber einen Unterschied zu früher wirst du feststellen. Und während die einen TM ungeduldig jedes neue Haar an ihren Beinen oder Unterarmen feiern, blicken die anderen mit Unbehagen auf den Urwald, der sich da im Nacken und auf den Schultern bildet. Ob du deinen individuellen Haarwuchs magst, wirst du herausfinden. Und im Zweifelsfall kann man Haare ja stutzen.

Ein manchmal weniger begrüßter möglicher Effekt des Testosterons ist die Vergröberung der **Haut.** Das Hautbild im Gesicht verändert sich schon allein durch den Bartwuchs. Darüber hinaus kann die Gesichtshaut insgesamt gröber werden. Aber auch hier gilt wie bei allen Testosteronwirkungen: Ob und wie sehr dies eintritt, ist von deiner genetischen Veranlagung abhängig. Nicht jeder Mann hat eine grobporige Haut, so wie eben auch nicht jeder Mann einen dichten Bart hat. Gerade am Anfang der Testosterontherapie kann die Haut, nicht nur im Gesicht, außerdem mit Pickeln und im schlimmeren Fall auch mit Akne reagieren. Es gibt mehrere Möglichkeiten, damit umzugehen: Verminderung der Dosierung, Wechsel der Darreichungsform, zum Beispiel von Depotspritzen zu Gel (das hat für mich funktioniert), oder stoisches Hinnehmen der Pickel und Pusteln, denn irgendwann ist diese Phase auch wieder vorbei. Den Einsatz diverser Kosmetika, die gegen Pickel und Akne helfen sollen, möchte ich nicht empfehlen. Zum einen wegen der massiven Tierversuche, die hinter der Produktion dieser Kosmetika stehen, zum anderen wegen der geringen Zuverlässigkeit in der Wirksamkeit (woran sich vermutlich auch die meisten noch aus ihrer – ersten – Pubertät gut erinnern können, als sich die Wässerchen und Cremes im Badezimmer stapelten, die nie hielten, was sie versprachen).

Für den Fall, dass du dir schon als Kind einen **Penis** gewünscht hast, muss ich dich ein wenig enttäuschen: Er wird dir nicht durch die Testosterontherapie wachsen, vorausgesetzt, wir verstehen unter Penis einen mehr oder weniger schlauchförmigen Körperteil, der mit Schwellkörpern ausgestattet ist und mit dem ein Mann sowohl Urin als auch Samen abgeben kann. Was du aber mit größter Wahrscheinlichkeit bekommst, ist eine sichtbar größere Klitoris. Bei manchen legt dieser sensible Körperteil beachtlich zu, bei anderen hält er sich etwas zurück, eine Veränderung ist aber generell zu beobachten. Der Harnröhrenausgang wird natürlich nicht durch die Hormongabe verlegt, und Sperma wirst du auch nicht produzieren und abgeben können. Und dennoch – wer hindert dich daran, deinen Schwellkörper als Penis zu bezeichnen? Es ist schließlich dein Körper, und du kannst deine sensible Körpermitte benennen, wie du willst. Über operative Veränderungsmöglichkeiten erfährst du mehr in Kapitel 7.

Auch die **Vagina** verändert sich durch die Einnahme von Testosteron. Zum einen bemerken viele (aber nicht alle) TM eine verminderte Lubrikation. Falls du vaginale Penetration magst, solltest du damit rechnen und bei Bedarf ein Gleitmittel verwenden. Auch wird die Schleimhaut der Vagina sensibler, wodurch Reibung, zum Beispiel durch Eindringen, unangenehm sein kann. Dies ist ein wichtiger Aspekt im Sexleben wie auch bei gynäkologischen Untersuchungen. Beim Sex ist der Spaß an der Penetration unter Umständen vermindert, weil das Ganze sich nicht mehr so gut anfühlt. Oft glauben die betroffenen TM anfangs, sie seien nur verspannt, weil sie ihre Selbstwahrnehmung als Mann mit dieser sexuellen Praktik nicht mehr in Übereinstimmung bringen können. Dies kann natürlich auch der Fall sein, aber die oben beschriebenen Veränderungen sind ein medizinischer Fakt, der sehr oft beobachtet wird. Gynäkologinnen sollten darauf bei ihren Untersuchungen Rücksicht nehmen, denn das Einführen des Spekulums kann unangenehmer sein. Kläre dies am besten in einem Vorgespräch.

Apropos **Sex:** Die Lust auf Sex kann sich unter dem Einfluss des Testosterons verändern. Die einen TM berichten von einer deutlichen Steigerung und kontinuierlicher sexueller Lust, was auch zur Belastung im Alltag werden kann. Andere bemerken dagegen keine nennenswerte Veränderung, und auch von verminderter sexueller Lust seit dem Beginn der Testosteronsubstitution habe ich gehört. Es bleibt aber offen, wie stark diese Veränderungen der Libido tatsächlich durch Hormone beeinflusst sind und wie viel davon den allgemeinen Änderungen der Lebensweise zuzurechnen ist. Immerhin kann die Freude über das „neue" Leben auch sehr euphorisch machen, und auch das kann die Lust ja bereits steigern!

Typisch für die ersten Jahre der Testosteronsubstitution ist es außerdem, dass man zwar irgendwann ein perfektes **Passing** als Mann hat, aber für deutlich jünger gehalten wird, als man ist. Das kann zwar einerseits schmeichelhaft sein, aber es kann auch manches komplizierter machen. Zum Beispiel ist es in manchen Berufsfeldern ungünstig, weil einem mit dem jungen Aussehen automatisch das erforderliche Wissen und die gewünschte Reife abgesprochen werden. Das solltest du dir zum Beispiel vor einem Bewerbungsgespräch bewusst machen und dir überlegen, wie du solche Vorurteile entkräften kannst, ebenso gegenüber deinen Kolleginnen, Vorgesetzten oder Kunden. Vielleicht wirst du auch plötzlich von sehr jungen, pubertierenden Menschen angeflirtet – nun ja, nimm es als Kompliment, irgendwann wird diese Phase auch wieder vorbei sein.

Neben all diesen körperlichen gibt es auch **psychische Veränderungen.** Je nach Temperament oder Veranlagung stellt ein Teil der TM eine gesteigerte Aggressivität fest, andere fühlen sich eher entspannter als vor dem Start der Hormontherapie. Zum Teil scheint dies nicht nur mit der Höhe der Dosierung, sondern auch mit dem Präparat oder der Darreichungsform zu tun zu haben. Der Schlafbedarf kann sich ebenfalls verringern oder erhöhen.

TIPP

In der Broschüre „Medizinisches: Hormone" (Heft 8 der FAQ-Broschüren) hat der TransMann e.V. weitere detaillierte Informationen über Hormone zusammengestellt. Du kannst die Broschüre auf der Website www.transmann.de herunterladen. In englischer Sprache liegt eine sehr gute Informationsbroschüre über die Hormontherapie von GIRES vor (www.gires.org.uk/transpeople.php). Darin werden auch die entsprechenden Aspekte für Transfrauen beschrieben.

Und plötzlich wirst du zum Teenie-Schwarm ...

5 Raus aus dem Schrank: Das Coming-out

Das Coming-out ist einer der wichtigsten und zugleich oft der schwierigsten Aspekte im Leben eines TM. Zunächst einmal musst du für dich klären, vielleicht zusammen mit deinem Therapeuten oder mit Freundinnen, Freunden und Familie, ob du überhaupt ein Coming-out willst und wenn ja, in welchem Umfeld und bei wem. Es gibt eine Menge an Möglichkeiten, wie man anderen Menschen gegenüber mit seiner Transidentität umgehen kann. Beispielsweise möchten manche TM nicht, dass irgendjemand außerhalb ihrer Familie weiß, dass sie mal als Frau gelebt haben. Sie wechseln dafür den Arbeitsplatz nach ihrer Transition und bauen sich ein neues soziales Umfeld auf. Für andere ist es kein Problem, dass auch die Kolleginnen und Kollegen am Arbeitsplatz Bescheid wissen, und sie gehen entsprechend offen damit um, betrachten das vielleicht auch als ihren Teil politischen Engagements.

Eine zusätzliche Dimension erhält das Coming-out für Transmänner, die mit einem (Trans-)Mann eine Beziehung führen, sich als schwul definieren und/oder so von anderen wahrgenommen werden. Wer vor der Transition noch als Frau definiert wurde, die eine heterosexuelle Beziehung führt, fällt anschließend gleich aus zwei Rastern raus: aus der Geschlechternorm einerseits und aus der Heteronormativität unserer Gesellschaft andererseits. Plötzlich stehst du nicht mehr nur vor einem Coming-out, sondern vor zweien, und als schwuler Mann findest du dich in ungewohnten Alltagssituationen wieder, wirst zudem früher oder später auch mit Homophobie konfrontiert werden, die du als „Heterofrau" nicht erlebt hast. Andere Transmänner wiederum, die bisher mit Frauen zusammen waren und sich daher vor ihrer Transition als Lesbe definiert haben, stellen fest, dass sie nun vor allem (oder auch) Männer anziehend finden. Nach ihrem schwulen Coming-out verlieren sie vielleicht einen Teil ihrer früheren lesbischen Community, weil die eine oder andere Freundin nicht damit zurechtkommt, dass sie jetzt auf Typen stehen. Das alles macht es nicht gerade einfacher, sich die eigenen Gefühle überhaupt zuzugestehen. Mit deinem Coming-out als schwuler Transmann wirst du also vielleicht mehr als andere erfahren, dass die eingefahrenen, normierten Denkmuster nicht so leicht zu durchbrechen sind.

Das Coming-out begleitet einen eigentlich das ganze Leben hindurch, denn immer wieder entstehen Situationen, in denen das „alte Leben“ sichtbar werden kann. Zum Beispiel, wenn du frühere Erlebnisse aus der Schulzeit oder mit der Familie erzählst. In solchen Momenten muss man sich spontan entscheiden, ob man die Geschichte ein wenig „anpasst“ oder ob man dazu stehen will, damals noch als Mädchen oder junge Frau gelebt zu haben. Die Entscheidung, wie du anderen gegenüber mit deiner Identität umgehst, hängt natürlich auch davon ab, wie du dich selber definierst: als Mann, als Transmann, als Transgender, als Weder-noch oder Sowohl-als-auch ... Es gibt viele Varianten und ebenso viele Strategien für das alltägliche Leben. Im FTM-Portal findest du einen Bereich, in dem sich TM über ihre Sichtweisen und Erfahrungen austauschen, und auch Stammtische und andere Treffen, wie die regelmäßig stattfindenden Trans*-Konferenzen in Berlin, München und 2013 erstmals in Bern, bieten zu solchem Erfahrungsaustausch Gelegenheit.

Grundsätzlich kann man aber feststellen, dass mit dem Coming-out, egal ob privat oder am Arbeitsplatz, wesentlich mehr Ängste verbunden sind als nötig. Oft reagieren die Menschen des jeweiligen Umfeldes positiver, als man das erwartet hat. Es gibt natürlich auch die Freunde oder Freundinnen, die sich von einem abwenden. Waren das dann wirklich Freunde? Und es gibt immer wieder Probleme in der Familie – das scheint tatsächlich das schwierigste Umfeld zu sein. Aber alles, was ich bisher selber erlebt und auch erzählt bekommen habe, war meistens wesentlich weniger dramatisch als zuvor befürchtet.

Tipps zum Coming-out am Arbeitsplatz

Probleme am Arbeitsplatz, zum Beispiel mit Kollegen, die dumme Bemerkungen machen, oder Vorgesetzten, die den Wunsch ignorieren, als Mann angeredet zu werden, sind meist lösbar. Zunächst ist es immer möglich, mit der betreffenden Person das Gespräch unter vier Augen zu suchen. Viele Menschen entwickeln mehr Respekt, nachdem man ihnen offen entgegengetreten ist und mit ihnen gesprochen hat. In schwierigeren Fällen kann es auch hilfreich sein, einen Kollegen oder eine Kollegin deines Vertrauens dazuzunehmen. Diese Person kann als Mediator das Gespräch friedlich halten oder einfach nur als stiller Zeuge zugegen sein.

Größere Unternehmen, Initiativen und Einrichtungen beschäftigen Gleichstellungsbeauftragte. Ich habe mein Coming-out an der Universität, an der ich damals gearbeitet habe, in drei Schritten gemacht: Der erste Schritt war das Gespräch mit der Gleichstellungsbeauftragten, die mir ihre Unterstützung zusicherte, falls sich jemand unangenehm verhalten sollte. Im zweiten Schritt habe ich meinen Vorgesetzten informiert, und dann schließlich meine Kolleginnen und Kollegen. Niemand hat irgendwie seltsam reagiert, ich bekam zum Teil sehr positive, bestärkende Rückmeldungen und brauchte die Unterstützung der Gleichstellungsbeauftragten nicht. Wäre es anders gelaufen, hätte ich sie auf jeden Fall hinzugeholt.

Arbeitest du in einem tarifvertraglich gebundenen Unternehmen, so habt ihr vielleicht einen Personalrat. Er kann in schwierigen Fällen, zum Beispiel bei Problemen mit der oder dem Vorgesetzten, vermitteln. Der Personalrat ist auch dein Ansprechpartner, wenn es zu juristischen Konflikten mit deinem Arbeitgeber oder mit Vorgesetzten kommt.

Für Führungskräfte, Gleichstellungsbeauftragte, Personalräte und andere Personalverantwortliche bietet der Berliner Verein TransInterQueer (TrIQ) einen kostenfreien Workshop an. Mit diesem Weiterbildungsangebot werden vor allem zwei Ziele verfolgt: Zum einen geht es um Information und um das

Aufzeigen von Handlungsmöglichkeiten gegen Diskriminierung, zum anderen soll ein aufgeklärtes, akzeptierendes und unterstützendes Arbeitsumfeld geschaffen werden. Weitere Informationen erhält man über www.transinterqueer.de.

6 Justitia hält dir die Waage: Juristische Schritte

Bisher ging es in diesem Buch nur um die Veränderungen in deinem privaten Leben – der Staat hatte mit all dem noch nichts zu tun. Nur: Wer möchte schon als Mann leben, aber in allen offiziellen Dokumenten wie dem Pass einen weiblichen Vornamen eingetragen haben? Hier spielt das Transsexuellengesetz (TSG) eine große Rolle. Die Paragraphen 1 und 8 des TSG regeln zwei wichtige Veränderungen, die deinen Lebensalltag erleichtern können: die Vornamensänderung (§1 TSG) und die sogenannte Personenstandsänderung (§8 TSG).[9] Der Ausdruck „Personenstand“ meint hier die offizielle Zuordnung zum männlichen oder weiblichen Geschlecht. Um es gleich vorwegzunehmen: Weder das eine noch das andere ist für irgendjemanden Pflicht. Du allein entscheidest, ob du einen neuen Vornamen in deine offiziellen Dokumente eintragen lassen möchtest und ob du eine aktenkundige Änderung deines Personenstandes willst. Eine Einschränkung gibt es jedoch: Wenn du die Personenstandsänderung willst, musst du auch deinen Vornamen ändern (es sei denn, du hast einen vor dem Gesetz als geschlechtsneutral geltenden Namen).

Auf den nächsten Seiten beschreibe ich die wesentlichen Schritte der Vornamens- und der Personenstandsänderung. Ich gebe hier meine persönlichen Erfahrungen und die Ergeb-

9 Alle Angaben zu Gesetzen und Vorschriften beziehen sich auf Deutschland. Für Österreich gibt es auf der Website des TransX e.V. eine gute Übersicht, und in der Schweiz ist das Transgender Network Switzerland dein Ansprechpartner. Die Links findest du im Anhang.

nisse meiner Recherchen wieder. Daher kann es sein, dass das Verfahren je nach Bundesland oder sogar je nach Regierungsbezirk von meiner Beschreibung abweicht. Ich skizziere darum den generellen Ablauf, damit du eine erste Vorstellung davon bekommst.

TIPP

Es kann in deinem Leben eine Phase geben, in der dein äußeres Erscheinungsbild schon deinem empfundenen Geschlecht entspricht, deine persönlichen Dokumente wie Pass oder Führerschein aber noch den alten Namen sowie ein Foto von dir aus deinem „früheren Leben" tragen. Das kann problematisch sein, zum Beispiel bei Polizeikontrollen oder auf internationalen Reisen. Die Deutsche Gesellschaft für Transidentität und Intersexualität e.V. (dgti) gibt dafür den sogenannten „Ergänzungsausweis" aus. Er ist laut den Informationen des Vereins ein weitreichend juristisch abgesichertes Übergangsdokument und kann unangenehme Situationen vermeiden helfen. Weitere Infos zum Ergänzungsausweis der dgti findest du auf der Website des Vereins (www.dgti.org).

Aus Heidi wird Heiko: Die Vornamensänderung

Den passenden neuen Namen zu finden, ist gar nicht so einfach. Lass dir Zeit mit der Entscheidung, denn ein zweites Mal kannst du deinen Vornamen in Deutschland nicht ohne schwerwiegende Gründe ändern. Vielleicht klingt ein bestimmter Name für deine Ohren zunächst sehr gut. Lass ihn eine Weile auf dich wirken. Du kannst dir zum Beispiel ein paar Wochen lang vorstellen, wie bestimmte Situationen sich anfühlen würden oder wie du bestimmte Gespräche erleben würdest, wenn dein neuer Name verwendet würde. Probiere das ruhig auch mit einem anderen Namen aus, von dem du auch findest, dass er zu dir passen würde. Vielleicht lässt du dir auch von Freunden und Familie bei der Entscheidung helfen. Frage sie doch einfach, wie sie deinen neuen Wunschnamen finden. Die Entscheidung musst du letztlich alleine fällen; vielleicht entscheidest du dich sogar für einen Vornamen, den nur du gut findest. Manchen TM fällt die Entscheidung sehr leicht: Sie verwenden von ihrem alten weiblichen Vornamen die männliche Variante oder eine, die sehr ähnlich klingt. So kann aus Christina Christian werden, aus Tilli Till, aus Leonore Leander.

Der Weg zum neuen Vornamen

Nun kannst du natürlich nicht einfach zum Einwohnermeldeamt gehen und dir einen neuen Pass ausstellen lassen. Schließlich ist dem Staat daran gelegen, die Spuren seiner Bürger jederzeit nachverfolgen zu können. Deshalb musst du zunächst ein gerichtliches Verfahren durchlaufen, und zwar an dem für deinen Wohnort zuständigen Amtsgericht. Du stellst einen formlosen[10] Antrag auf Vornamensänderung (und eventuell auch gleich auf PROZESSKOSTENHILFE). Auf diesen Antrag hin erhältst du Post vom Gericht, manchmal ist dies eine Einladung zu einem persönlichen Gespräch. Im Juristenjargon heißt das zwar „Vorladung zum Gerichtstermin", du brauchst aber keinen Schreck zu bekommen. Oft verzichten die Richter oder Richterinnen auf diesen Schritt und gehen direkt zum nächsten über: Sie fordern neben einem ausführlichen Lebenslauf, aus dem deine „transidente Geschichte" hervorgeht, zwei Gutachten ein, die du beim Gericht einreichen musst. Mit diesen Gutachten soll geklärt werden, ob „der Beantragende" (also du)

- sich dem anderen Geschlecht als zugehörig empfindet,
- seit mindestens drei Jahren „unter dem Zwang steht", seinen Vorstellungen entsprechend zu leben

10 „Formlos" bedeutet, dass es kein Formular gibt, sondern du einfach einen Brief schreibst, in dem du deinen Wunsch beschreibst. Im Anhang findest du Beispielformulierungen.

- und „mit hoher Wahrscheinlichkeit anzunehmen ist, dass sich sein Zugehörigkeitsgefühl zum anderen Geschlecht nicht mehr ändern wird“ (so lautet die Formulierung am Amtsgericht Düsseldorf).

Die Gutachten sind der entscheidende Faktor im gesamten gerichtlichen Verfahren. Sie müssen nicht, wie oft behauptet wird, von Psychiatern ausgestellt werden, sondern von Personen, „die auf Grund ihrer Ausbildung und ihrer beruflichen Erfahrung mit den besonderen Problemen des Transsexualismus ausreichend vertraut sind“, wie es in § 4 Abs. 3 TSG heißt. Das Gesetz grenzt somit die gutachterliche Tätigkeit nicht auf Ärzte ein. Für dich ist das wichtig zu wissen, wenn du selber die Gutachter/-innen auswählst.

In vielen Fällen wird dir das Gericht mehrere Gutachter vorschlagen. Du kannst diese Vorschläge annehmen oder eigene machen. Oft ist ein TM, wenn er den Antrag auf Vornamensänderung stellt, bereits in einer Psychotherapie. Es ist durchaus möglich, diesen Therapeuten um eines der Gutachten zu bitten. Manche Gerichte lehnen das ab, weil sie meinen, das Gutachten sei dann nicht objektiv. Das passiert allerdings selten und wirft ja auch die Frage auf, wie viel Vertrauen unsere Gerichte eigentlich in einen Therapeuten oder eine Therapeutin haben, wenn sie ihn oder sie für so parteiisch und unprofessionell halten.

Das Verfahren zur Vornamensänderung ist bisher recht kompliziert gestaltet. Tatsächlich gibt es derzeit Bestrebungen, die Vornamensänderung für Transsexuelle zu beschleunigen. Das wäre eine enorme Hilfe in vielen Lebenssituationen, zum Beispiel bei der Bewerbung um einen neuen Job.

Der Gutachter

Tipp

Die Gutachten kosten natürlich Geld, und auch für das Gerichtsverfahren selber fallen Gebühren an. Vielleicht musst du für dich eine Benefizparty organisieren ... Wie viel du letztlich zahlen musst, ist von dem sogenannten Streitwert des Verfahrens abhängig, den der Richter anfangs festlegt. Daran bemisst sich die Höhe aller Kosten auf Basis festgelegter prozentualer Gebührensätze. Der Streitwert meines Verfahrens war auf 5000 Euro festgelegt worden, und ich hatte für das Verfahren und die Gutachten zusammen rund 700 Euro zu zahlen. Beantrage

zusammen mit der Vornamensänderung auch die Prozesskostenhilfe, wenn du ein geringes Einkommen hast.

Wenn die Gutachten vorliegen, wirst du zur „richterlichen Anhörung“ eingeladen. Die Richterin hat sich bis dahin mit den Gutachten beschäftigt und zum Beispiel überprüft, ob sie die formalen Vorgaben erfüllen. Bei diesem Termin versucht sie nun, einen persönlichen Eindruck von dir zu gewinnen und im Zusammenhang mit den vorliegenden Gutachten zu beurteilen, ob sie der Vornamensänderung zustimmen will. Mit diesem Vorgehen bemüht sich das Gericht, dem Antragsteller in der Urteilsfindung gerecht zu werden. Allerdings hat die Richterin auch das „Recht der freien Beweisführung“, das heißt, sie kann auf die Anhörung verzichten und auf Basis der Gutachten entscheiden.

Nach diesem Gerichtstermin wird wieder eine längere oder kürzere Weile vergehen, dann erhältst du den vorläufigen Gerichtsbeschluss, der in der Regel positiv ausfällt, wenn alle gesetzlichen Vorgaben erfüllt sind. Warum ist der jetzt nur „vorläufig“? Prinzipiell hat jetzt „das Volk“, vertreten durch einen Staatsanwalt, die Möglichkeit, innerhalb von zwei Wochen Einwände gegen den Beschluss des Gerichts vorzulegen. Denkbar wäre auch, dass sich andere Personen, zum Beispiel Verwandte, gegen die Änderung deines Vornamens aussprechen. Aber im Grunde ist das eine Formalie, über die du dir keine Sorgen machen musst. Nach Ablauf der Frist erhältst du per Post das rechtskräftige Urteil. Es ist noch mal das gleiche Schreiben, das du beim vorläufigen Gerichtsbeschluss bekommen hast, aber ergänzt um einen Stempel, der die Rechtskräftigkeit ab einem bestimmten Datum beglaubigt.

Nun also heißt du ganz offiziell .... !

Ein neuer Pass
Mit dem rechtskräftigen Urteil kannst du beim Einwohnermeldeamt einen neuen Pass und/oder Personalausweis (Letzterer ist übrigens in Deutschland nicht Pflicht, wie viele meinen) ausfertigen und dir gleich auch eine neue Meldebescheinigung ausstellen lassen. Mitbringen musst du dafür neben den isometrischen Passfotos deinen rechtskräftigen Gerichtsbeschluss sowie deinen alten Pass und/oder Personalausweis. Und noch ein paar Euro für die Gebühren, die je nach Ort unterschiedlich ausfallen. Auf Wunsch kannst du einen vorläufigen Pass ausgestellt bekommen, denn auf den richtigen musst du eventuell ein paar Wochen warten.

Das „M" im Pass
Während im deutschen Personalausweis kein Geschlecht eingetragen ist, wird im Pass, der das international gültige Dokument ist, die Geschlechtszugehörigkeit eingetragen, und zwar mit M für Mann und F für Frau. Das Passgesetz (PassG) der Bundesrepublik Deutschland in seiner Version vom 30.7.2009 bestimmt in § 4, dass „einem Passbewerber, dessen Vornamen aufgrund gerichtlicher Entscheidung gemäß § 1 des Transsexuellengesetzes geändert wurden, auf Antrag ein Pass mit der Angabe des anderen, von dem Geburtseintrag abweichenden Geschlechts auszustellen" ist. Und in § 6 des PassG heißt es in Absatz 2 (a) ergänzend: „Beantragt ein Passbewerber nach § 4 Abs. 1 Satz 4 die Eintragung des von seinem Geburtseintrag abweichenden Geschlechts, hat er den Beschluss des Gerichts über die Vornamensänderung nach § 1 des Transsexuellengesetzes vorzulegen. Der Eintragung des von dem Geburtseintrag abweichenden Geschlechts im Pass kommt keine Rechtswirkung zu."

Und was bedeutet das nun alles? Für dich bedeutet es dreierlei: Erstens kannst du gleich bei der Beantragung deines neuen Passes die Eintragung deines Wunschgeschlechts beantragen. Das geschieht formlos, indem du es der Sachbearbeiterin im Amt einfach sagst. Zweitens besagt das Gesetz, dass du dafür den rechtsgültigen Beschluss des Amtsgerichts zur Vornamensänderung vorlegen musst. Und drittens hat der Eintrag des begehrten „M" keine weitere rechtliche Bedeutung, das heißt, damit ist noch keine offizielle Personenstandsänderung durchgeführt.

Was bringt dir das „M" im Pass? Abgesehen vom guten Gefühl kann es zum Beispiel von Vorteil bei Reisen ins Ausland sein, wenn dein Aussehen keinem der geschlechtlichen Stereotype entspricht oder wenn es eindeutig männlich ist, aber die Personenstandsänderung (noch) nicht im Pass eingetragen ist. Der Eintrag „F" könnte in solchen Fällen zu Problemen bei der Einreise in manche Länder führen. Um genau dies zu verhindern, wurde das Passgesetz angepasst.

Nach dem sogenannten „Offenbarungsverbot" (§ 5 TSG) ist es der Behörde untersagt, bei der Weitergabe deiner Daten auch Hinweise auf die frühere Geschlechtszuweisung mitzugeben. Lasse auch einen „Sperrvermerk" in deine Personenakte eintragen. Dadurch darf das Einwohnermeldeamt keine Informationen, die auf deine frühere Identität hinweisen, an privatrechtliche Unternehmen oder Privatpersonen weitergeben.

TIPP

Am besten beantragst du deinen neuen Pass nicht kurz vor und während der Ferienzeit. So verkürzt du deine Wartezeiten im Amt ebenso wie die Zeit, bis deine neuen Papiere fertig sind.

Künstlernamen

Seit November 2010 ist es wieder möglich, sich einen Künstlernamen in den Pass und den Personalausweis eintragen zu lassen. Das kann beispielsweise als vorübergehende, für manche vielleicht auch als dauerhafte Lösung nützlich sein, wenn die Änderung des Vornamens nicht möglich ist oder du dies gar nicht willst.

Die Meldestelle
Hätten sie **das** gemacht, wenn sie vorher gewusst hätten, wieviel Arbeit das macht?
Platz
9
©MAH'10

Übrigens: Die aktuelle Version des Passgesetzes (PassG) und auch aller anderen bundesdeutschen Gesetze findest du immer auf der Website www.gesetze-im-internet.de, die vom Bundesministerium der Justiz unterhalten wird.

Bankkonto, Versicherungen, Führerschein etc.

Mit Kopien des rechtskräftigen Gerichtsbeschlusses oder deines neuen Passes kannst du alle weiteren Dokumente ändern und deinen Namen überall sonst korrigieren lassen. Einen entsprechenden Brief schreibst du zum Beispiel an

- deine kontoführende Bank oder Sparkasse
- die Krankenversicherung
- deine Gewerkschaft
- die Bahn, falls du eine Bahncard hast
- weitere Versicherungsgesellschaften
- die Deutsche Rentenversicherung

Bei Banken, Versicherungen und anderen Dienstleistern kannst du in deinem Brief auch gleich darauf hinweisen, dass sie dich zukünftig bitte mit „Herr" Soundso ansprechen sollen, falls du das möchtest. Mit deinem neuen Pass und der Meldebescheinigung oder deinem neuen Personalausweis kannst du auch den Führerschein neu ausstellen lassen. Auch hierfür brauchst du ein Passfoto, aber kein isometrisches.

Sonderfall Sozialversicherungsnummer und Rentenrecht

Die Deutsche Rentenversicherung Bund (DRV Bund) wird dir eine neue Versicherungsnummer (auch als Sozialversicherungsnummer bekannt) zustellen, nachdem du deine Krankenkasse über die Veränderungen informiert hast; sie gibt diese Information an die DRV Bund weiter. In deiner Akte der DRV Bund wird auf deine neue Geschlechtsidentität hingewiesen, aber es wird zugleich ein Hinweis dort hinterlegt, „dass nicht das sich aus der Versicherungsnummer ergebende männliche Geschlecht, sondern das frühere Geschlecht maßgebend ist" (Zitat aus einem Brief der DRV Bund vom 8. März 2010 an mich).

Die Änderung der Versicherungsnummer bedeutet noch nicht, dass du nach dem Rentengesetz als Mann giltst. Wenn du möchtest, dass das Rentengesetz entsprechend deinem männlichen Geschlecht auf dich angewandt wird, musst du der Rentenversicherung auch deinen rechtskräftigen Bescheid über die Personenstandsänderung zusenden (dazu mehr im folgenden Kapitel). Erst dann wird in deiner Akte all das geändert, was rentenrechtlich nach Geschlecht unterschieden wird.

Aktenkundig Mann sein: Die Personenstandsänderung

Das TSG (Transsexuellengesetz) regelt in § 8 die Personenstandsänderung. „Personenstand", ist das nicht so was wie „Familienstand", also „ledig, verheiratet, geschieden, verwitwet"? Nein, nicht in diesem Zusammenhang. Hier ist es die offizielle Zuordnung zu einem der beiden staatlich anerkannten Geschlechter – Mann oder Frau. Nicht jeder TM will die Personenstandsänderung machen lassen. Abhängig davon, was du in deinem Leben noch vorhast, kann sie wichtig sein. Willst du zum Beispiel eine Frau heiraten, statt dich mit ihr zu verpartnern, brauchst du die Personenstandsänderung. Manche TM wollen die Personenstandsänderung aber auch, weil dies zu ihrem Selbstverständnis gehört; für andere spielt sie dagegen keine Rolle.

Das Verfahren zur Personenstandsänderung war bislang sehr umfangreich. In § 8 Abs. 1 des TSG wird gefordert, dass die antragstellende Person

- die Voraussetzungen des § 1 TSG Abs. 1 Nr. 1 bis 3 erfüllt,
- dauernd fortpflanzungsunfähig ist und
- sich einem ihre äußeren Geschlechtsmerkmale verändernden operativen Eingriff unterzogen hat, durch den

eine deutliche Annäherung an das Erscheinungsbild des anderen Geschlechts erreicht worden ist.

Den genauen Wortlaut des Gesetzes findest du im Internet unter www.gesetze-im-internet.de/tsg. Das, was dieser Gesetzestext fordert, sind extreme Eingriffe in den Körper, und insbesondere die verlangte „dauerhafte Fortpflanzungsunfähigkeit" als Voraussetzung zur Personenstandsänderung wurde immer wieder scharf kritisiert. Am 11. Januar 2011 hat das deutsche Bundesverfassungsgericht (BVerfG) einen wichtigen Beschluss gefasst: Es ging um den Fall einer transsexuellen Frau, die mit ihrer Partnerin eine gleichgeschlechtliche Lebenspartnerschaft eingehen wollte. Sie hatte ihren Personenstand nicht von „Mann" zu „Frau" ändern lassen, weil sie die dafür gesetzlich geforderten Operationen (siehe oben) ablehnte. Daraufhin hatte ihr ein Gericht die Lebenspartnerschaft verwehrt, und dagegen klagte sie beim Bundesverfassungsgericht. Das BVerfG erklärte in einem Grundsatzbeschluss, **dass die bislang geltenden rechtlichen Voraussetzungen, unter denen Transsexuelle eine homosexuelle Lebenspartnerschaft eingehen können, verfassungswidrig sind.** Und diese „bislang geltenden Voraussetzungen" sind eben genau die gesetzlichen Forderungen im Zusammenhang mit einer Personenstandsänderung (Fortpflanzungsunfähigkeit, operative Eingriffe). Die Entscheidung des Gerichts findest du unter dem Kürzel/Aktenzeichen: BVerfGE v. 11.1.2011 I 224 - 1 BvR 3295/07.

Die Begründung der Karlsruher Richter zu ihrem Urteil lautete: Die Regelung sei mit dem Recht auf sexuelle Selbstbestimmung und körperliche Unversehrtheit nicht vereinbar. In anderen Worten: Wer die geschlechtsanpassenden Operationen nicht will, darf vom Gesetz (und damit letztlich von der Gesellschaft) nicht dazu gezwungen werden. Die Entscheidung der Verfassungsrichter hat dazu geführt, dass die Anwendung des § 8 TSG vorläufig ausgesetzt ist, bis das Gesetz so reformiert ist, dass es unserer Verfassung, dem deutschen Grundgesetz, entspricht.[11]

Die Amtsgerichte gehen mit dieser Entscheidung nun recht unterschiedlich um. Einige Amtsrichter interpretieren die vorläufige Aussetzung des §8 TSG so, dass man vorläufig gar nichts machen könne. Deshalb lassen sie alle Anträge auf Personenstandsänderung einfach ruhen, bearbeiten sie also nicht. Andere Amtsrichter, und dies scheint bisher die Mehrheit zu sein, orientieren sich daran, dass mit der Vornamensänderung die wesentlichen „Beweise" einer „tatsächlichen Transsexualität" bereits vorliegen, und geben darum auch dem Antrag auf Personenstandsänderung statt.

Tipp

Durch den aktuellen Stand des TSG und die Aussetzung des Operationszwangs hast du die Möglichkeit, gleich mit deiner Vornamens- auch die Personenstandsänderung zu beantragen. So sparst du ein zweites Gerichtsverfahren und natürlich auch Zeit.

Es gab übrigens schon einmal eine Entscheidung des BVerfG zu diesem Thema: Das Gesetz sah nämlich als eine weitere Voraussetzung für die Personenstandsänderung vor, dass die beantragende Person unverheiratet sein musste. Wer also einmal als „Frau" geheiratet hatte, wurde gezwungen, sich scheiden zu lassen – ganz gleich, ob die Beziehung intakt war oder ob Kinder da waren. Am 27. Mai 2008 entschied das Bundesverfassungsgericht, dass dies die Grundrechte eines Menschen beeinträchtigt, und das entsprechende Gesetz wurde bis zur Neuregelung des TSG ausgesetzt (BVerfGE v. 27.5.2008 - 1 BvL 10/05).

---

11 Artikel 2.2 des Grundgesetzes lautet: „Jeder hat das Recht auf Leben und körperliche Unversehrtheit." Du findest den gesamten Text zum Beispiel hier: www.bundestag.de/dokumente/rechtsgrundlagen/grundgesetz/gg_01.html.

So stellst du den Antrag

Im Moment kann man also nur empfehlen, einfach einen formlosen Antrag zu stellen und die jeweils geforderten Unterlagen einzureichen. Das sind meist Kopien der Geburtsurkunde und des Beschlusses zur Vornamensänderung. Erkundige dich telefonisch beim Amtsgericht, bevor du den Antrag absendest, welche Unterlagen du beilegen sollst. Oder mache es wie ich: Sende den Antrag einfach ohne Kopien ab. In einem ersten Antwortschreiben habe ich erfahren, welche Unterlagen ich einreichen soll. Außerdem lagen auch gleich die Zahlungsaufforderung für die Gebühren (55,50 Euro in meinem Fall) sowie das Formular zur Beantragung von PROZESSKOSTENHILFE bei.

Du bekommst dann irgendwann den normalerweise positiven Beschluss des Gerichtes über deinen Antrag zugestellt. Nach einer Frist von zwei bis vier Wochen erhältst du die Mitteilung über die Rechtskräftigkeit des Beschlusses, das heißt, ab diesem Datum ist deine Personenstandsänderung definitiv und in allen rechtlichen Belangen sowie bei Behörden wirksam. Der Zeitablauf war bei mir so: Den Antrag habe ich am 9.1. gestellt, die erste Antwort mit Zahlschein kam am 24.1. Der Beschluss wurde am 27.2. formuliert und wurde am 22.3. rechtskräftig.

Wichtiger Hinweis

Ich habe hier beschrieben, wie es im Oktober 2012 aussieht, und juristische Reformen sind langwierig. Dennoch solltest du dich über die aktuelle Lage informieren (zum Beispiel im FTM-Portal), wenn du deinen Antrag stellen willst, denn inzwischen kann sich wieder etwas geändert haben.

Die Rentenversicherung informieren

Nachdem das Amtsgericht positiv über deinen Antrag entschieden hat und der Beschluss rechtskräftig ist, giltst du also per Gesetz als Mann. Nun kannst du mit einer Kopie des Beschlusses bei verschiedenen Institutionen eine entsprechende Änderung deiner Akten verlangen, zum Beispiel bei der Kranken- und

Rentenversicherung. Die Deutsche Rentenversicherung (DRV) Bund hatte dir ja bereits eine neue Versicherungsnummer gegeben, als dein Vorname geändert wurde (siehe weiter oben). Nun ändert sie erneut deine Akte und entfernt den Hinweis auf deine frühere offizielle Geschlechtszugehörigkeit. Damit ist es für Arbeitgeber und Institutionen nicht mehr möglich, über diesen Weg von deiner Transsexualität zu erfahren. Solltest du im Rahmen deiner Vornamensänderung noch keine neue Sozialversicherungsnummer von der DRV Bund bekommen haben, beantragst du diese in deinem Brief gleich mit. Ob du eine Versicherungsnummer mit männlicher oder weiblicher Zuordnung hast, kannst du leicht erkennen: Der letzte Zahlenblock deiner Nummer besteht aus drei Ziffern, die ersten beiden davon sind die „Geschlechtscodierung". Hast du dort eine Zahl zwischen 00 und 49 stehen, bist du als „männlich" eingetragen. Eine Zahl zwischen 50 und 99 markiert die weibliche Geschlechtszugehörigkeit. Die dritte Ziffer ist eine automatisch erstellte Prüfziffer.

Das Amtsgericht, das über deinen Antrag zur Personenstandsänderung entschieden hat, sendet normalerweise auch eine entsprechende Information an das Geburtsregister deines Geburtsortes. Du kannst beim Amtsgericht aber auch telefonisch nachfragen, ob sie das gemacht haben. Sobald deine Personenstandsänderung in deiner Geburtsstadt vorliegt, kannst du dort einen neuen Auszug aus dem Geburtsregister beantragen.

7 Unterm Messer: Operative Veränderungen

Schon mit der Hormonsubstitution, der Behandlung mit Testosteron, kannst du deinen Körper ein Stück weit verändern und deinem Selbstempfinden anpassen. Wie weit diese Veränderungen gehen, ist individuell unterschiedlich (dazu mehr in Kapitel 4). Einen Schritt (oder auch mehrere Schritte) weiter kannst du durch verschiedene Operationen gehen: zum Beispiel die Entfernung der Brüste, Entfernung von Fortpflanzungsorganen wie Eierstöcken und Gebärmutter, Aufbau einer Penisnachbildung. Das alles sind tiefe Eingriffe in den Körper, für die man sich nicht „mal eben so“ entscheidet. Am Anfang deiner Überlegungen sollte die Frage stehen, was du erreichen willst. Und damit du anschließend herausfinden kannst, wie realistisch deine Vorstellungen und Wünsche sind, ist es wichtig, dich gründlich zu informieren: über die chirurgischen Möglichkeiten, über verschiedene Operationsmethoden, über die Ergebnisse, die verschiedene Ärzte und Ärztinnen bisher erzielt haben, und auch darüber, was möglicherweise schiefgehen kann.

Jede Operation ist zunächst einmal eine Belastung für deinen Körper und deine Gesundheit. Es gibt immer Risiken, es können Komplikationen auftreten, und bei jedem Menschen verläuft der Heilungsprozess unterschiedlich. Auch deine eigene körperliche Verfassung spielt hier eine Rolle (zum Beispiel Übergewicht, Bluthochdruck oder Erkrankungen wie Diabetes). All das musst du mit deinem Arzt oder deiner Ärztin abklären.

Ich biete dir hier keine medizinische Beratung, sondern möchte dir einen Überblick über die prinzipiell machbaren Operationen geben. Alle Details musst du mit den jeweiligen Ärzten besprechen. Das ist auch deshalb wichtig, weil Operateure sehr unterschiedliche Methoden anwenden und die Ergebnisse daher verschieden ausfallen können. Daher solltest du dich vor der Entscheidung für einen Chirurgen oder eine Chirurgin umfassend über deren jeweilige Operationsmethoden informieren. Viele Ärzte dokumentieren ihre „Fälle“ und zeigen Fotos bisheriger OP-Ergebnisse.

In den folgenden Kapiteln stelle ich zunächst die verschiedenen möglichen Operationen vor, anschließend geht es um die Antragstellung bei deiner Krankenkasse.

„Oben ohne“: Die Mastektomie

Unter einer MASTEKTOMIE versteht man die Entfernung der weiblichen Brüste. Vielen TM ist diese Operation sehr wichtig, da die Brüste von anderen Personen nun einmal leicht wahrgenommen und deshalb als wesentliches Definitionsmerkmal genutzt werden.

Operationsmethoden

Die OP-Methoden variieren zum einen von Arzt zu Arzt, zum anderen sind sie abhängig von der Ausgangssituation, also der Größe der Brust, ihrer Form und der Beschaffenheit des Gewebes. Grundsätzlich wird nach der Schnittmethode unterschieden. Es gibt Operationsmethoden mit großen und solche mit kleinen Schnitten. Wenn die Brüste sehr klein sind (bis etwa „Körbchengröße“ A), kommen zum Beispiel bestimmte Minimaleingriffe in Frage, die kaum sichtbare Narben ergeben. Hier wird an der Brustwarze (MAMILLE in der Fachsprache) eine Öffnung geschnitten, durch die das Brustgewebe entfernt wird. Für größere Brüste sind andere Schnitttechniken geeignet.

Manche Chirurgen oder Chirurginnen führen ihre Operationen einzügig durch, manche zweizügig. Das bedeutet, dass im ersten Fall versucht wird, in einer einzigen OP das bestmögliche Ergebnis zu erzielen. Bei der zweizügigen Methode liegt der Fokus meist darauf, durch gestaffelte Eingriffe die Narben kleiner zu halten. Vertreter/-innen der einzügigen OP argumentieren unter anderem damit, dass man durch nur einen operativen

Eingriff die Gesundheit weniger belaste. Vertreter/-innen der zweizügigen OP führen oft an, dass ihre Methode zu weniger Narbengewebe führe und eine spätere Korrektur-OP nicht nötig sei.

Plastische Chirurgen setzen oft Operationsmethoden ein, bei denen stärker auf die spätere Form der männlichen Brust geachtet wird. Die Operateure von Brustzentren, in denen vor allem Frauen mit Brustkrebs behandelt werden, haben natürlich besonders viel Erfahrung mit der Mastektomie, aber nicht unbedingt mit Transmännern. Informiere dich darüber, welche Kliniken und Chirurgen sich worauf spezialisiert haben, und tausche dich dazu mit anderen TM aus, die bereits eine Mastektomie haben durchführen lassen. Hier ist wieder einmal das FTM-Portal empfehlenswert, in dem anonym Fotos von Operationsergebnissen gezeigt und diskutiert werden.

In den meisten Fällen werden bei einer Mastektomie die Warzenhöfe und die Brustwarzen, die Mamillen, verkleinert und neu positioniert, um das „männliche Erscheinungsbild" der Brust zu verbessern. Sieh dir vor deiner Entscheidung einmal die Brust beziehungsweise die Brustwarzen verschiedener Cis-Männer an. Du wirst dabei feststellen, dass diese sehr unterschiedlich sind und es zum Beispiel auch Männer mit großen Brustwarzen gibt. Der Warzenhof, die Areola, ist allerdings fast immer deutlich kleiner als bei weiblichen Brüsten.

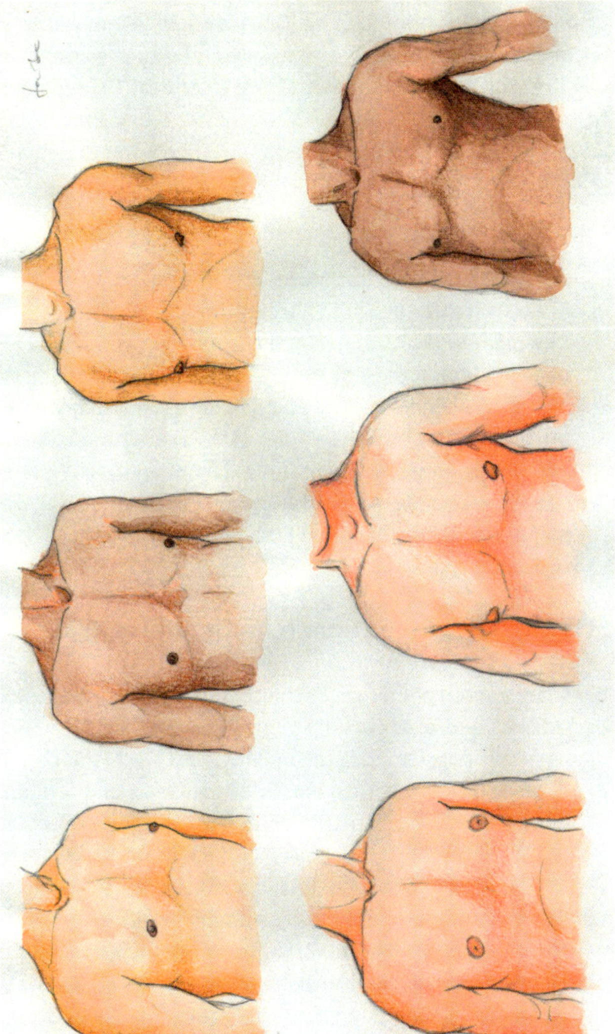

Auch bei Cis-Männern ist Mamille nicht gleich Mamille.

Egal wie die Operation durchgeführt wird, in jedem Fall ist es wichtig, das Brustdrüsengewebe vollständig zu entfernen, um das Krebsrisiko zu minimieren. Ein kleiner Rest Drüsengewebe bleibt allerdings immer, und zwar unter der Mamille – das ist auch bei Menschen so, die in männlichen Körpern geboren wurden.

Tipp

Das Heft Nr. 9 des TransMann e.V. informiert ausführlich über Mastektomie und Hysterektomie. Du kannst es im Downloadbereich auf der Website www.transmann.de herunterladen. In diesem Heft findest du auch detaillierte Beschreibungen der OP-Methoden bei einer Mastektomie. Auch im „Wissensspeicher“ des FTM-Portals, unter „Medizinisches“, findest du weitere Erklärungen. Der Wissensspeicher ist ohne Anmeldung am Portal unter der URL http://forum.ftm-portal.net/kb.php zu erreichen.

„Unten mit“: Operationen im Genitalbereich

Die sogenannten primären Geschlechtsmerkmale sind alle Körperteile, die der Fortpflanzung dienen können (die Brüste sind dagegen ein sogenanntes sekundäres Geschlechtsmerkmal). Bei Frauen sind dies die Vagina, Gebärmutter, Eierstöcke und Eileiter, beim Mann Hoden, Nebenhoden und Penis.

Bis vor kurzem galt in Deutschland die gesetzliche Pflicht, sich unfruchtbar machen zu lassen, wenn man nicht nur den Vornamen, sondern auch den Personenstand ändern lassen wollte (dazu mehr in Kapitel 6). Für Transmänner gehörte dazu die Entfernung der Gebärmutter und der Eierstöcke. Am 11. Januar 2011 hat das Bundesverfassungsgericht in einem Grundsatzbeschluss erklärt, dass diese bislang geltenden rechtlichen Voraussetzungen verfassungswidrig sind (ausführlicher ist das in Kapitel 6 beschrieben). Somit besteht derzeit nicht mehr die

Notwendigkeit einer Operation, damit der Personenstand geändert werden kann. Für einen Teil der Transmänner ist es aber aus persönlichen Gründen wichtig und notwendig, die weiblichen Fortpflanzungsorgane entfernen zu lassen, um ihren Körper akzeptieren und sich darin wohl fühlen zu können.

Es gibt sehr viele verschiedene Operationsmethoden. Du findest hier einen Überblick über die OP-Möglichkeiten, die mir und den Moderatoren des FTM-Portals bekannt sind. Die Methoden sind aber nicht nur von Arzt zu Arzt sehr verschieden, sondern werden auch ständig weiterentwickelt, so dass ich hier nicht alles umfassend darstellen kann. Grundsätzlich sollte man immer auch die langfristigen Folgen einer Operation bedenken. Behält man die Eierstöcke, könnte es sein, dass durch die Einnahme von Testosteron das Krebsrisiko erhöht ist. Wissenschaftlich bewiesen ist das aber noch nicht, denn es gibt hierzu bislang keine Langzeitstudien. Grundsätzlich sind aber die Eierstöcke der wesentliche Teil der Geschlechtsorgane für die Entstehung von Krebszellen. Andererseits ist die lebenslange Einnahme von Sexualhormonen nötig, wenn die Eierstöcke entfernt werden. Denn ganz gleich, ob du als Mann oder Frau leben willst, fehlen dir mit den Eierstöcken die Hauptproduzenten der Sexualhormone. Und ohne diese Hormone steigt das Osteoporoserisiko sehr stark. Daneben hat ein konstanter extremer Mangel an Sexualhormonen auch psychische Auswirkungen. Dies soll dir nur ein Beispiel sein, dass man immer das Pro und Kontra einer Operation abwägen muss.

Entfernung von Gebärmutter und Eierstöcken

Zunächst wieder ein paar Fachbegriffe, damit du weißt, wovon die Ärzte sprechen. Die Entfernung der Gebärmutter heißt HYSTEREKTOMIE, bei der Entfernung der Eierstöcke spricht man von der ADNEKTOMIE oder OVAREKTOMIE. Mit den Eierstöcken werden auch die Eileiter entfernt. Oft sprechen TM von der Hysterektomie, meinen damit aber die Entfernung von beidem, Gebärmutter und Eierstöcken. Das ist sicher dadurch entstanden, dass sich TM oft beides zugleich entfernen lassen. Der richtige Ausdruck dafür ist aber eigentlich OVARIOHYSTEREKTOMIE.

Du entscheidest, welche der Organe du entfernen lassen willst. In der gynäkologischen Beratung bekommt man hierzu unterschiedliche Empfehlungen. Viele Gynäkologen raten dazu, nicht nur die Eierstöcke und Eileiter, sondern auch die Gebärmutter zu entfernen, und nennen als Grund ein erhöhtes Krebsrisiko der Gebärmutter unter dem Einfluss von Testosteron. Dies ist allerdings eine Vermutung, denn es gibt bisher keine Langzeitstudien, die es beweisen könnten. Andere Ärztinnen empfehlen wiederum, die Gebärmutter nicht zu entfernen, da sie zwei wichtige Funktionen im Körper erfüllt: Sie hält durch ihre Position andere Organe wie die Harnblase an ihrem Platz, dadurch wird eine Blasensenkung vermieden, die später zu Inkontinenz führen könnte. Außerdem werden in der Gebärmutterschleimhaut Beta-Endorphine produziert. Diese haben einen positiven Einfluss auf das Schmerzempfinden und das allgemeine Wohlbefinden.[12] Du siehst: Du hast einen großen Entscheidungsspielraum, den du am besten nutzen kannst, wenn du dich ausführlich informierst und abwägst, was dir persönlich wichtig ist.

Für die Entfernung von Eierstöcken, Eileitern und Gebärmutter gibt es verschiedene Operationsmethoden. Welche bei dir eingesetzt wird, ist von verschiedenen Faktoren abhängig, zum Beispiel davon, welche bei dir anatomisch besser durchführbar ist und welche die Operateure selber bevorzugen. Grob unterschieden gibt es laparoskopische, vaginale und abdominale Eingriffe. Laparoskopie ist der Einsatz von sehr kleinen Werkzeugen wie Lampe, Videokamera und Messer, die durch kleine Löcher in der Bauchdecke eingeführt werden. Das bezeichnet man als minimalinvasive Chirurgie, weil mit minimalen Schnitten gearbeitet wird. Um so vorgehen zu können,

---

12 Nachzulesen im Buch „Hysterektomie – ja oder nein?" von Winifred Berg Cutler und Margaret Minker.

wird entweder der Bauchraum vor der OP mit einem Gas gefüllt, oder die Bauchdecke wird während der OP mechanisch angehoben. Die Laparoskopie ist eine übliche Methode, wenn nur Eierstöcke und Eileiter entfernt werden. Die Gebärmutter kann so zwar auch entnommen werden, dann muss aber der Gebärmutterhals im Körper verbleiben. Damit bleibt ein gewisses Risiko, dass sich am Gebärmutterhals einmal eine Erkrankung entwickelt. Soll auch der Gebärmutterhals entfernt werden, wird dies normalerweise vaginal durchgeführt, entweder in Kombination mit der Laparoskopie oder als ausschließliche Methode.

Den Bauchschnitt (abdominaler Eingriff) führt man heute kaum noch durch, da der größere Schnitt länger braucht, um zu verheilen, und man länger im Krankenhaus bleiben muss (längere „Heilzeit“ und „Liegezeit“). Bei mir wurde aber eine Kombination von minimalinvasiv mit einem sehr kleinen Bauchschnitt durchgeführt, und meine Heil- und Liegezeit war nicht verlängert. Es gibt eben immer alternative Methoden oder die Kombination verschiedener Vorgehensweisen, außerdem ständig neuere OP-Entwicklungen.

Die nächsten fünf Abschnitte (Klitorispenoid, Hodenaufbau, Phalloplastik, Glansplastik, Versteifungsimplantate) basieren auf den Texten im „Wissensspeicher“ des FTM-Portals und sind teilweise wörtlich daraus übernommen. Ich habe sie an einigen Stellen verändert, damit sie etwas verständlicher sind, denn natürlich sind eine Menge Fachbegriffe darin enthalten. Du findest diese Informationen, auch ohne Anmeldung am Portal, unter der URL http://forum.ftm-portal.net/kb.php. Einige der OP-Methoden sind dort noch ausführlicher beschrieben.

Vielen Dank an die Moderatoren des Forums für die Abdruckgenehmigung!

Das Klitorispenoid

Ein PENOID ist ein chirurgischer Penisnachbau, und ein sogenanntes KLITORISPENOID (kurz Klitpen, in der Fachsprache auch METOIDIOPLASTIK genannt) ist sozusagen die kleinere Version: Er wird hauptsächlich aus der Klitoris aufgebaut, die sich unter dem Einfluss von Testosteron vergrößert hat. Die vergrößerte Klitoris wird mobilisiert, und die Position wird je nach Operateur etwas nach oben verlagert, so dass sie mehr der Position eines Penis entspricht. Wahlweise kann auch die Harnröhre bis zur Spitze des Klitpen verlängert werden. Die Operation selbst bringt meistens keinen Längengewinn in Bezug auf die Ausgangsgröße der Klitoris. Da aber beim Klitpen die kleinen Schamlippen mit verwendet werden, wächst der Umfang des Klitpen im Vergleich zur Klitoris.

Der Klitpen kann ergänzt werden durch ein Hodenimplantat. Das Hodenimplantat wird von den meisten Chirurgen nicht bei der Klitpen-Operation gesetzt, da es direkt (zusammen mit der vorhandenen Schwellung) auf die neue Harnröhre drückt und damit die Komplikationsrate diesbezüglich stark erhöht. Risiken in Bezug auf einen Gefühlsverlust bestehen praktisch nicht, da die Nerven der Klitoris während der OP praktisch „nicht angefasst" werden. Der Klitpen kann nach der OP weiter erigieren und verhält sich wie ein kleiner Penis. Auch weiteres Wachstum unter Testo ist möglich. Den meisten Klitpenträgern mit Harnröhrenverlängerung ist Pinkeln im Stehen möglich. Eine verlängerte Harnröhre bedingt in der Regel die Entfernung der Scheide. Ein Belassen der Scheide führt bei einer Harnröhrenverlängerung zur Begünstigung der FISTELBILDUNG. Bleibt die Scheide auch mit Verlängerung der Harnröhre erhalten, ist vaginaler Geschlechtsverkehr eventuell nicht mehr möglich.

Die OP selber birgt weniger Risiken als der große Aufbau, sollte aber auf gar keinen Fall unterschätzt werden, da insbesondere die bei Harnröhrenverlängerung übliche Scheidenentfernung ein sehr tiefgreifender Eingriff ist. Neben den üblichen OP-Risiken kann es unter anderem zu Verletzungen des Darmes (selten), Nachblutungen, Absterben der Harnröhre, STENOSEN oder Fistelbildung kommen. Die Verweildauer im Krankenhaus beim Klitpen (mit Harnröhrenverlängerung) liegt bei circa 10 bis 14 Tagen. Da es häufig zu Blutergüssen kommt, kann das Sitzen die erste Zeit unangenehm sein. Bei leichter körperlicher Tätigkeit ist mit einer Ausfallzeit von drei Wochen zu rechnen.

Der Hodenaufbau

Der Hodensack wird aus den großen Schamlippen gebildet. Ein Hodenaufbau kann entweder mit Eigenfett oder mit Silikonimplantaten erfolgen. Die Silikonimplantate gibt es in verschiedenen Größen. Je nach Hersteller können sie sich leicht in Form und Härtegrad unterscheiden. In der Regel werden Implantate verwendet, die mit einem Silikon-Elastomer gefüllt sind. Der Hodenaufbau kann auch mit anderen OPs kombiniert werden (zum Beispiel Pumpe/Versteifungsimplantat, siehe unten). Will man später eine PHALLOPLASTIK (großer Penisaufbau) machen lassen, so ist das auch nach dem Hodenaufbau noch möglich.

Der Eingriff selbst ist relativ kurz, und auch der Krankenhausaufenthalt fällt meist kurz aus (unter einer Woche). Die Ausfallzeit im Job beträgt etwa zwei Wochen. Die größten Probleme sollten sich anfangs, wie beim Klitpen auch, beim Sitzen ergeben. Die Probleme sollten aber nach zwei Wochen weitestgehend behoben sein.

Die Phalloplastik

Die Phalloplastik ist ein großer Penisaufbau (im Vergleich zum kleineren Klitpen). Man verwendet für eine Phalloplastik Gewebe des eigenen Körpers, das aus einem anderen Körperteil entnommen wird, um daraus den Penisaufbau zu formen. Für die Phalloplastik gibt es verschiedene Methoden. Die in Deutschland verbreitetsten sind:

- Aufbau aus dem Arm
- Aufbau aus dem Unterschenkel ohne Knochenversteifung
- Aufbau aus dem Unterschenkel mit Knochenversteifung

Unter diesen drei Methoden ist der Aufbau aus dem Arm am stärksten standardisiert. Daneben gibt es einige andere Entnahmestellen, die entweder in Deutschland weniger verbreitet sind, wie der Rücken (Verwendung des großen Rückenmuskels, Latissimus Dorsi) und der Oberschenkel (ohne Harnröhrenverlängerung), oder die als veraltet gelten, wie die Rolllappenplastik aus dem Bauch. Bei Letzterer wird kein Nerv entnommen, so dass es später auch nicht zu einer Sensibilität im Penoid selber kommt. Grundsätzlich kann die Phalloplastik wie der Klitpen mit oder ohne Harnröhrenverlängerung erfolgen.

Beim Aufbau aus dem Arm und dem Bein werden neben der Vollhaut mit Unterhautfettgewebe auch ein Nerv und ein Blutgefäß entnommen. Die Entnahme des Nervs bedeutet, dass es an der Entnahmestelle (also in der Spenderregion am Arm oder am Bein) zu einem dauernden Gefühlsverlust kommt. Die Entnahmestelle selbst muss wieder durch Haut gedeckt werden. Die Herkunft hierfür kann (je nach Verfügbarkeit/Hautüberschuss und dem Aspekt Narbenminimierung) unterschiedlich sein. Häufig wird die Haut aus den Oberschenkeln entnommen. Die Entnahmestelle wird von den meisten Chirurgen inzwischen durch Vollhaut gedeckt (das heißt, das Hautstück wird so entnommen, dass es aus den zwei Hautschichten Ober- und Lederhaut besteht). Aber auch eine Deckung durch Spalthaut ist möglich (hier wird nur eine Hautschicht transplantiert, und zwar ein Stück aus der Lederhaut). Zu bedenken ist, dass die Haut, die zur Deckung benutzt wird (im Gegensatz zu der Haut, die zum Penoid geformt wird), kein Unterhautfettgewebe enthält. Es bleibt also eventuell eine Art Delle zurück. Die Phalloplastik (und je nach Methode auch die Harnröhre) wird aus der Haut des Unterschenkels beziehungsweise des Arms geformt.

Der entnommene Nerv wird je nach Operateur entweder mit dem Leistennerv oder mit einem Klitorisnerv verbunden. Das entnommene Blutgefäß wird an eine Arterie in der Leiste angeschlossen. Die Klit selbst ist je nach Operateur mehr mittig oder mehr an der Unterseite des Penoids integriert (und zwar ohne ihre Haut, die zuvor entfernt wird), aber auch ein Belassen der Klit unterhalb des Penoids ist möglich.

Die Glansplastik

Die Glans (Eichel des Penis) muss für die Phalloplastik extra geformt werden. Für die Glansplastik wird das Penoid rundherum eingeschnitten. Dabei verläuft der Schnitt leicht schräg, so dass der männlichen Glans entsprechend die Oberseite der Glans länger wird als die Unterseite. In Richtung Penoidspitze wird die Haut umgeschlagen und entsprechend vernäht (es entsteht so etwas wie eine Wulst), um den Eichelrand zu formen. Die dadurch entstandene Lücke zwischen den beiden Schnittflächen wird mit einem Streifen Vollhaut gedeckt. Die Verwendung der Klitorishaut für diesen Zweck bewirkt, dass diese Stelle sich farblich vom Rest des Penoids abzeichnet. Sollte keine Klitorishaut zur Verfügung stehen, kann auch Vollhaut aus der Leiste verwendet werden. Zur Herkunft der Klitorishaut: Die Klitoris wird bei der Phalloplastik ohne ihre Haut im Phallus versenkt. Die Haut der Klitoris wird dann direkt unterhalb des Phallus belassen und später für den Aufbau der Glansplastik entnommen.

Mögliche Komplikationen unter anderem: Blutungen, Narben, Nervenverletzungen, Nichtanwachsen der Vollhaut, Durchblutungsstörungen, Asymmetrie.

Aufenthalt im Krankenhaus: Sofern keine weiteren Komplikationen auftreten, kann man direkt nach der Entfernung des eingeknüpften Verbandes am 5. Post-OP-Tag das Krankenhaus verlassen. Nach der OP gibt es in der Regel keine nennenswerten körperlichen Einschränkungen.

Versteifungsimplantate

Ein Penoid aus einem transplantierten Hautlappen besitzt nicht die Fähigkeit, sich bei sexueller Erregung selbstständig zu versteifen. Daher müssen Versteifungsimplantate verwendet werden, wenn das Penoid erektionsfähig sein soll. Für die

Versteifung gibt es vor allem zwei Möglichkeiten: ein Stück Knochen oder ein Pumpensystem. Die Art des Versteifungsimplantates für die Phalloplastik richtet sich meist nach der verwendeten OP-Methode (mehr dazu weiter oben).

Bei der Unterarmmethode wird als Versteifungsimplantat meist ein komplexeres Pumpensystem verwendet. Die bedienerfreundlichste und modernste Lösung, um eine natürlich wirkende Erektion zu erzeugen, ist ein Pumpensystem, das aus drei Elementen besteht: dem Reservoir, zwei Zylindern und der Pumpe. Diese drei Elemente sind mit Schläuchen verbunden.

Das Pumpelement wird in einen Hodensack implantiert. Mit diesem Pumpelement kann man dann später auch die Erektion des Penis steuern. Es besteht aus zwei Teilen, dem Füllventil (das rundlichere Element im Hoden auf dem Bild) und dem Ablassventil (das rechteckige Element auf dem Bild). Mit dem Füllventil kann, wie der Name bereits suggeriert, der Penis aufgepumpt/ hochgepumpt werden. Dabei füllen sich die beiden Zylinder im Penisschaft mit der Flüssigkeit aus dem Reservoir, welches unter den Bauchmuskel implantiert wird. Zum Beenden der Erektion wird das Ablassventil bedient, welches die Flüssigkeit aus den Zylindern im Penisschaft zurück in das Wasserreservoir fließen lässt.

Im Zusammenhang mit der Fibula-/Unterschenkelmethode wird zur Versteifung des Penoids häufig ein Stück Knochen (Fibula, Wadenbein) verwendet. Letzteres führt dann zu einer dauerhaften Versteifung des Penoids, das heißt, es muss kein besonderer Aufwand betrieben werden, um eine Erektion herbeizuführen. Ein Knochen kann jedoch auch bei der Unterarmmethode als Versteifung verwendet werden. Neben der Fibula kann auch eine Rippe als Versteifung dienen. Knochen werden allerdings eher seltener als Versteifung verwendet, wenngleich sie im Vergleich zur Pumpe durch die Tatsache, dass sie unter anderem aus körpereigenem Material bestehen, auch ihre Vorteile als Versteifungsmethode besitzen. Sofern die Unterschenkelmethode ohne Knochenversteifung gewählt wurde, kann die oben im Zusammenhang mit der Unterarmmethode erwähnte Pumpe auch hier als Versteifungshilfe gewählt werden.

Neben dem Pumpsystem und dem Knochen als Versteifung gibt es noch weitere, weniger häufig verwendete und eher veraltete Methoden (zum Beispiel Silikonstäbe). Da diese in der Vergangenheit zu vergleichsweise hohen Komplikationsraten geführt haben, implantiert man sie heute eher nicht mehr. “

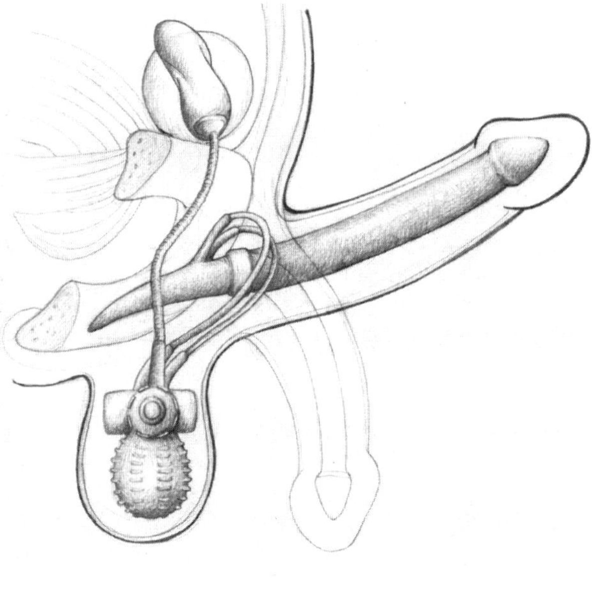

Ein Erektionsimplantat mit Pumpensystem.

So weit die Erklärungen zu verschiedenen Operationsmethoden aus dem FTM-Portal.

Eine Ergänzung habe ich noch zu diesem Kapitel: Es gibt auch die Möglichkeit, Hoden ohne Scheidenverschluss machen zu lassen. Diese OP-Methode ist allerdings meines Wissens nicht ohne Verlängerung der Harnröhre machbar, da die Hoden sonst beim Urinieren hinderlich wären. Wenn du im FTM-Portal registriert bist, kannst du mit dem Suchbegriff „Hoden ohne Scheidenverschluss“ eine entsprechende Diskussion finden.

Tipp

Der TransMann e. V. hat mit Heft 10 seiner FAQ-Broschüren ausführliche Informationen zum Penoid-Aufbau zusammengetragen. Die Broschüre findest du als Download bei www.transmann.de. GIRES hat ebenfalls eine sehr informative, englischsprachige Broschüre zu den in Großbritannien möglichen geschlechtsangleichenden Operationen erstellt (www.gires.org.uk/transpeople.php).

Vom Antrag zur Operation

Viele Transmänner in Deutschland nehmen die Möglichkeit in Anspruch, ihre geschlechtsangleichenden Operationen durch ihre Krankenkasse bezahlen zu lassen. Das ist möglich, weil bislang Transsexualität medizinisch als psychische Störung eingestuft wird, die behandlungsbedürftig ist. In dieser Denkweise gilt die Psychotherapie als vorrangiger Versuch, die Transsexualität zu „behandeln“. Erreicht man durch die psychotherapeutische Begleitbetreuung keine „Besserung des Befindens“ und kann der Therapeut oder die Therapeutin eine andere psychische Störung ausschließen (dazu mehr in Kapitel 3), so wird er oder sie in der Regel Maßnahmen empfehlen, die das äußere Erscheinungsbild dem empfundenen Geschlecht anpassen. Damit kann mit der Hormonsubstitution (dazu mehr in Kapitel 4) begonnen werden, für die du keine weiteren Anträge bei der Krankenkasse einzureichen brauchst. Psychologe und Endokrinologin verständigen sich in ihrer Funktion als behandelnde Ärzte über die Ausgangslage und die angemessene Therapie. Wünschst du darüber hinaus auch geschlechtsangleichende Operationen und möchtest auch hier die Leistungen der Krankenkasse in Anspruch nehmen, kommt auf dich ein größerer formeller Aufwand zu. Während man schon bei der Vornamensänderung Geduld aufbringen muss, ist nun oft ein gutes Durchhaltevermögen nötig.

Das Antragsverfahren Schritt für Schritt

Im ersten Schritt beantragst du formlos bei der Krankenkasse die Kostenübernahme für geschlechtsangleichende Operationen. Es hat sich bewährt, dabei keine starken Einschränkungen vorzunehmen. Vielleicht denkst du im Moment, dass du bestimmte Eingriffe nicht vornehmen lassen willst, wie zum Beispiel den Aufbau eines Penoids, und du willst diese Operation nicht mitbeantragen. Solltest du das aber später doch machen lassen wollen, müsstest du das Beantragungsprozedere komplett neu durchlaufen. Deshalb ist es sinnvoll, gleich in den ersten Antrag die Kostenübernahme für alle geschlechtsangleichenden Operationen sowie möglicherweise nötige Korrekturoperationen aufzunehmen. Ein allgemein formuliertes Beispiel für diesen Antrag findest du im Anhang und als Download auf der Website zum Buch (http://tm-brevier.blogspot.com). Weitere Beispiele stehen im „Wissensspeicher" des FTM-Portals zur Verfügung, unter „Rechtliches". Nach den sogenannten Standards of Care beziehungsweise den „Standards der Behandlung und Begutachtung von Transsexuellen" stimmen die Krankenkassen der Kostenübernahme für geschlechtsangleichende Operationen erst zu, wenn eine Psychotherapie seit mindestens neun Monaten durchgeführt wird, wenn seit mindestens drei Monaten Testosteron verabreicht wird und wenn der behandelnde Psychotherapeut eine der Operation zustimmende Diagnose stellt.

Nachdem du deinen Antrag eingereicht hast, wird dir deine Krankenkasse wahrscheinlich zunächst nur den Empfang deines Schreibens bestätigen. Etwas später erhältst du dann einen Brief von einem Gutachter des Medizinischen Dienstes der Krankenkassen (MDK). Meistens fordern die MDK-Gutachter in ihrem ersten Schreiben die Vorlage zweier Gutachten sowie einen Lebenslauf, aus dem insbesondere die transsexuelle Entwicklung hervorgeht. Du kannst dann anbieten, dem MDK die Gutachten vorzulegen, die du schon für deine Vornamensänderung hast erstellen lassen. In manchen Fällen wird das akzeptiert, manchmal werden aber neue Gutachten verlangt. Da die Gutachten für dich mit Kosten verbunden sind, ist es sinnvoll, die Übernahme dieser Kosten ebenfalls bei der Krankenkasse zu beantragen. Am besten machst du das gleich im ersten Antrag auf Kostenübernahme, wie du das auch im Beispieltext im Anhang siehst. Auch deinen Lebenslauf hast du bereits im Zusammenhang mit der Vornamensänderung geschrieben und kannst ihn hier wieder verwenden.

Manche MDK-Gutachter verlangen zusätzliche Dokumente, zum Beispiel ein Testat des Endokrinologen über deinen Hormonstatus, einen Bericht einer Gynäkologin über den Status deiner primären und sekundären Geschlechtsmerkmale oder sogar eine Analyse deines Chromosomensatzes. Letzteres wird vor allem bei möglicherweise intersexuellen Menschen verlangt, denn die Abrechnungskriterien und Kategorisierungen sind in diesen Fällen anders als bei Transsexuellen (Intersexualität wird als körperliche, nicht als psychische „Abweichung" betrachtet).

Es kann also sein, dass du noch ein wenig Schriftverkehr mit der Krankenkasse und dem MDK hast. Wenn der MDK-Gutachter den Eindruck hat, genug wichtige Unterlagen vorliegen zu haben, wirst du mit großer Wahrscheinlichkeit eine Einladung zu einem persönlichen Termin bekommen. Nur sehr selten verzichten Gutachter darauf. Bei diesem Untersuchungstermin macht sich der MDK-Gutachter ein Bild von dir auf Basis seiner eigenen ärztlichen Einschätzung und in Kombination mit den ihm vorliegenden Dokumenten. Er wird dir Fragen zu deinem Leben stellen, auch zu Partnerschaften und Beruf, und es liegt in seinem Ermessensspielraum, dich körperlich zu untersuchen. Für den Termin solltest du circa eine Stunde einplanen.

Nach diesem Vorgang gibt der MDK an die Krankenkasse seine Entscheidungsempfehlung, an die sich die Kasse auch halten wird. Gehen wir vom Normalfall aus, also einer positiven Entscheidung: Du erhältst dann eine gewisse Zeit nach dem Begutachtungstermin ein Schreiben der Krankenkasse mit der Zusage der Kostenübernahme. Prüfe noch mal, ob die darin aufgezählten Operationen mit den von dir beantragten übereinstimmen. Wenn nicht, solltest du deine Kasse anrufen und um eine Berichtigung des Schreibens bitten. Wenn du dann endlich die Kostenübernahme in Händen hältst, kannst du mit den zwischenzeitlich ausgesuchten Operateuren (dazu mehr im nächsten Kapitel) Konsultationstermine vereinbaren.

Warum will die Krankenkasse ein Gutachten des MDK?
Obwohl die Krankenkassen dazu nicht verpflichtet sind, nehmen sie meistens die zusätzliche Beurteilung durch MDK-Gutachter (Ärzte mit sexualmedizinischer Expertise) in Anspruch. Dies wird damit begründet, dass die Kassen selber keine ärztliche Kompetenz zur Verfügung hätten, um die medizinische Notwendigkeit der beantragten Operationen zu beurteilen. Das scheint auf den ersten Blick sinnvoll. Schaut man aber genauer hin, wirkt dieses Vorgehen, als würden die Krankenkassen den bis dahin bereits beteiligten Ärzten und Ärztinnen nicht vertrauen. Zudem sparen die Kassen keineswegs Geld durch dieses Vorgehen, sondern produzieren im Gegenteil weitere Kosten, die nicht nötig wären, denn sie müssen nicht nur den Gutachter des MDK bezahlen, sondern auch weitere ärztliche Testate, falls der Gutachter diese verlangt. Und nur in seltenen Fällen raten die MDK-Gutachter der Kasse, die Kosten der beantragten Operationen nicht zu tragen. Laut Aussage eines mit der Begleitung Transsexueller sehr erfahrenen Psychiaters ist in solchen Fällen aber die Leistung vor dem Sozialgericht erfolgreich einklagbar, insbesondere wenn die Kasse zuvor bereits Psychotherapie und Hormonbehandlung bezahlt hat.

Ein paar Worte zur Begutachtung durch den MDK

Der anstehende Termin beim MDK-Gutachter macht die meisten TM recht nervös. Es gibt aber nichts zu befürchten. Vor allem sollte man sich immer darüber klar sein, dass man nicht von der Beurteilung des Gutachters abhängig ist und sich daher auch nichts gefallen lassen muss, was einem nicht behagt. Mir sind Fälle bekannt, in denen MDK-Gutachter versucht haben, den Antragsteller mit viel Nachdruck dazu zu bewegen, sich auszuziehen. Einerseits liegt es zwar im ärztlichen Ermessen, wie gründlich der Gutachter deine Untersuchung durchführen will, und dazu kann auch eine Leibesvisitation gezählt werden. Andererseits bist du nicht verpflichtet, solchen Aufforderungen zu folgen, wenn du dich dabei unwohl fühlst. Wie schon oben erwähnt, ist es für dich relativ unerheblich, ob der Gutachter der Krankenkasse von der Kostenübernahme abrät, denn du musst dich mit der Ablehnung nicht abfinden.

Es scheint so zu sein, dass manche MDK-Gutachter die psychische Stabilität des Antragstellers prüfen wollen, indem sie abfällige Bemerkungen über das Äußere der Person machen. Ich weiß auch von einem Fall, in dem der Gutachter Fragen nach dem Sexualleben gestellt hat, die der Befragte allerdings nicht beantwortete. Lasse dich nicht verunsichern oder provozieren, und wahre deine Grenzen so, wie du sie empfindest. Wenn du den Eindruck hast, der Gutachter wolle Dinge wissen, die persönlich sind und nichts zum Gutachten beitragen (zum Beispiel deine sexuellen Vorlieben), dann sei dir bewusst, dass du solche Fragen nicht beantworten musst.

Operateure finden

Wenn dir die Zusage zur Kostenübernahme durch die Krankenkasse vorliegt – oder du entschieden hast, alle Operationen selber zu zahlen –, gilt es, die richtigen Operateure zu finden. Das ist für eine Mehrzahl der Eingriffe eine knifflige Angelegenheit, denn Mastektomie, Adnektomie und Hysterektomie werden an vielen Kliniken durchgeführt. Gerade im Vorfeld einer Mastektomie möchte man vorher einschätzen können, wie das Ergebnis aussehen wird. Informiere dich dazu auf verschiedenen Wegen: Es gibt zahlreiche „Vorher-nachher-Fotos" anderer TM im Internet, hier möchte ich wieder besonders das FTM-Portal empfehlen. In den Foren kannst du dich zusätzlich über Erfahrungen mit verschiedenen OP-Methoden, von denen es eine ganze Reihe sehr unterschiedlicher gibt, über Nachoperationen, Heilungserfahrungen und vieles mehr informieren (siehe auch am Anfang dieses Kapitels). Außerdem kannst du Termine mit verschiedenen Operateurinnen und Operateuren machen. Sie werden beispielsweise mit dir besprechen, welche Operationsmethode sie für dich geeignet finden (was besonders bei der Mastektomie ein wesentliches Thema ist), wie sie vorgehen und ob sie Kombinationsoperationen durchführen (zum Beispiel Mastektomie und Adnektomie). In der Regel haben die Ärztinnen und Ärzte auch Fotos ihrer bereits operierten Patienten, die dir einen Eindruck von ihrer Arbeitsweise, besonders von ihrer Schnitttechnik, vermitteln können. Du kannst dir bei solchen Terminen auch gleich ein Bild von der Klinik machen.

Die Entscheidung für eine bestimmte Klinik kann von weiteren Kriterien abhängen, zum Beispiel ob die Menschen, von denen du während deines Aufenthaltes besucht werden möchtest, in der Nähe wohnen. Der stationäre Aufenthalt bei der Mastektomie beträgt wenige Tage, bei komplizierten Operationen wie einem Penoid-Aufbau musst du mit einem längeren Verbleib in der Klinik rechnen. Der Wohlfühlfaktor ist also durchaus ein Kriterium.

Zahlst du die operativen Eingriffe selber, spielt auch das Preis-Leistungs-Verhältnis eine Rolle bei der Entscheidung. Möglicherweise ist die eine Privatklinik etwas teurer, aber bietet dir dafür einen dreitägigen postoperativen stationären Aufenthalt an. Das ist sinnvoll, denn bei manchen Operationen, wie der Mastektomie, kommt es öfters zu Komplikationen in den ersten Tagen nach dem Eingriff. Ich habe Filme von TM aus den USA gesehen, die noch am Tag der Operation nach Hause gegangen sind und dann zu Hause versuchten, mit Blutungen oder Entzündungen zurechtzukommen. Das ist an der falschen Stelle gespartes Geld. Wenn man mehrere tausend Euro für persönlich so wichtige Operationen ausgibt, kann man ruhig noch mal ein paar hundert drauflegen, um danach auch medizinisch gut versorgt zu werden.

Abhängig von deiner sogenannten „Ausgangslage" bei der Mastektomie gibt es zudem Ärzte und Ärztinnen, die sich mit entsprechenden Techniken auf bestimmte Brustgrößen spezialisiert haben. Für sehr kleine Brüste kommen bestimmte Minimaleingriffe in Frage, die kaum sichtbare Narben ergeben, für größere und große Brüste sind andere Schnitttechniken geeignet. Zudem führen die einen Ärzte die Mastektomie komplett in einem Durchgang durch, andere operieren „zweizügig", das heißt, sie reduzieren zunächst die Gesamtgröße und nehmen die feinere Arbeit in einer zweiten Operation vor. Neben einer möglichen Spezialisierung der Operierenden kann für dich auch entscheidend sein, ob sie zusätzlich plastische Chirurgen sind, die Erfahrung im Formaufbau von Körperteilen haben. So gibt es zum Beispiel an den großen Brustzentren oft erfahrene Ärztinnen und Ärzte, die die Mastektomie mit dem plastischen Aufbau einer „männlichen" Brust abschließen.

Willst du mehrere Operationen kombinieren, solltest du mit den in Frage kommenden Ärztinnen und Ärzten auch die Möglichkeiten hierfür besprechen. Mastektomie und Adnektomie oder Hysterektomie zu kombinieren wird oft empfohlen, um die Zahl der operativen Eingriffe und die Belastung des Körpers unter anderem durch die Vollnarkose gering zu halten. Möglicherweise kann diese Kombination aber aus organisatorischen Gründen nicht an jeder Klinik durchgeführt werden, das gilt es also vorab zu klären.

Die Spezialisten und Spezialistinnen im Bereich der Genitaloperationen (Klitorispenoid, Phalloplastik) sind sehr rar, du wirst sie daher leicht finden mit Hilfe der online erhältlichen Informationen oder in Gesprächen mit anderen TM bei Stammtischen oder größeren Treffen. Auch hier unterscheiden sich die Operationsmethoden deutlich, entsprechend unterschiedlich sind die Ergebnisse. Die Operationen im Genitalbereich sind bis heute sehr aufwändig, und ob man die Ergebnisse optisch wie funktional zufriedenstellend findet, muss jeder für sich entscheiden. Sie sind zudem vergleichsweise risikoreich, beispielsweise ist die Verlängerung der Harnröhre nicht unkritisch. Und der Aufbau eines Penoids aus Eigenhaut bedeutet eben auch die Entnahme eigener Haut an einer anderen Körperstelle. Es gibt auch zu diesen Operationen und ihren Ergebnissen zahlreiche Berichte und Fotografien im Internet, im FTM-Portal sind diese auch den Operateurinnen und Operateuren zugeordnet.

Vor der OP

Wie bei einem sportlichen Wettkampf oder einer Prüfung solltest du auch auf eine Operation vorbereitet sein. Du kannst dich körperlich und mental vorbereiten. Wenn du an diesem Punkt deiner Entwicklung angekommen bist, bist du sicher auch in Therapie. Nutze deine Therapiestunden, um noch offene Fragen zu klären oder über Ängste zu sprechen. Der Austausch mit TM, die bereits OP-Erfahrung haben, kann ebenfalls hilfreich sein. Besuche daher, wenn es für dich möglich ist, TM- oder Transgender-Stammtische, oder schaue dich in TM-Foren um und stelle dort deine Fragen.

Es ist vor allem sehr wichtig, dass du dir sicher bist, die angestrebte Operation wirklich zu wollen. Solltest du noch Zweifel haben, dann nimm diese ernst und frage dich, woher sie kommen. Vielleicht sind sie ja berechtigt. Die operativen Eingriffe sind nicht rückgängig zu machen, und die gesundheitliche Belastung, die sie zunächst einmal mit sich bringen, verlangt eine gründliche und standfeste Entscheidung. Zweifel an der Operationsentscheidung können viele Gründe haben, zum Beispiel ein flaues Gefühl dem Arzt oder der geplanten Methode gegenüber, eine Unsicherheit wegen der körperlichen Veränderung oder auch die Angst vor einigen Tagen Aufenthalt im Krankenhaus. Egal, was deine Entscheidung noch unklar macht – solange du nicht hundertprozentig sicher bist, den geplanten Eingriff zu wollen, solltest du damit warten. Wenn du den Punkt erreicht hast, an dem du dich auf die Operation freust, sind deine Chancen, dass auch der Heilungsprozess gut verläuft, am besten.

Jeder chirurgische Eingriff ist eine enorme Belastung für den Körper. Du kannst dich physisch auf eine Operation vorbereiten. Generell verlangen ohnehin alle Operateurinnen und Operateure, dass man mindestens 6 Wochen vor dem Eingriff nicht mehr raucht. Tu dir was Gutes und verlängere die Frist freiwillig. Da meistens zwischen der abschließenden Besprechung mit den Ärzten und dem OP-Termin noch mal einige Zeit vergeht, kannst du auch 2 oder 3 Monate vor dem Eingriff auf Nikotin verzichten. Steigere deine Chancen einer guten Heilung nach der Operation, indem du gleichzeitig mit dem Nikotin auch dem Alkohol entsagst – das Gleiche gilt natürlich für alle anderen Drogen. Nimmst du regelmäßig Schmerzmittel, zum Beispiel gegen Kopfschmerzen oder um Erkältungen zu unterdrücken? Wenn du auf diese Medikamente verzichten kannst, dann tue es ebenfalls als Vorbereitung auf deine Operation. Gewöhne dir an, viel Wasser, koffeinfreien Tee oder frisch gepresste Obst- und Gemüsesäfte zu trinken, und iss möglichst oft frisch zubereitetes Essen mit frischem Gemüse. Falls dich keine Allergien davon abhalten, tut auch regelmäßig frisches Obst gut. Nimm, inklusive deines Essens wie Obst und Gemüse, 2 bis 3 Liter Flüssigkeit täglich zu dir.

Alle diese Maßnahmen zusammen führen zu einer Stärkung deines Immunsystems, und das kannst du nach der Operation wirklich gut gebrauchen. Ergänzen kannst du das durch regelmäßigen Sport, mit dem du mehr Sauerstoff in deinen Blutkreislauf bekommst, was sowohl während der Narkose im OP-Saal als auch für den Heilungsprozess positiv ist. Speziell vor einer Mastektomie ist es empfehlenswert, über mehrere Monate hinweg die Brustmuskulatur zu trainieren, zum

Beispiel durch Liegestütze und Hanteltraining. Eine sichtbare Brustmuskulatur unterstützt die Operateure bei der Formung der männlichen Brust und der Positionierung der Brustwarzen.

Neben diesen einfachen Maßnahmen, die dich kein oder wenig Geld kosten (oder sogar Geld sparen, wenn du bedenkst, wie viel Zigaretten und Alkohol kosten), hat mir meine Heilpraktikerin folgende Mittel empfohlen:

Am Abend vor der Operation 8 bis 10 Arnica-C30-GLOBULI, am Abend des OP-Tages die gleiche Menge und in den folgenden 4 Tagen 3-mal täglich 8 Globuli einnehmen. Arnica C30 ist ein homöopathisches Arzneimittel, unterstützt die Wundheilung und ist in Apotheken rezeptfrei erhältlich. Du solltest es nicht nehmen, wenn du gegen Arnika allergisch bist oder eine Laktose-Unverträglichkeit hast.

Frühestens ab dem 3. Tag nach der OP Wobenzym einnehmen, wie in der Verpackungsbeilage beschrieben. Wobenzym setzt leicht die Blutgerinnung herab und wirkt daher ÖDEMEN entgegen. Darüber hinaus verbessern die enthaltenen Enzyme die Wundheilung und den Abbau von HÄMATOMEN (Blutergüssen). Es ist ebenfalls rezeptfrei in Apotheken erhältlich.

Ich habe die Einnahme dieser Mittel mit einer der operierenden Ärztinnen zuvor abgesprochen, die es ebenfalls für sinnvoll hielt. Da Wobenzym eine leicht blutverdünnende Wirkung hat, solltest du es nicht kurz vor der Operation und auch nicht zu früh danach einnehmen.

Im Krankenhaus

Der große Tag ist da! Eigentlich beginnt er schon am Tag zuvor, denn wegen der Narkose wirst du genaue Anweisungen der operierenden Ärzte bekommen, ab wann du nichts mehr essen und trinken darfst. Halte dich unbedingt an diese Vorgaben, sie sind für die Verträglichkeit der Betäubung während der OP extrem wichtig. Es ist letztlich gar nicht so schwer, die Zeit ohne Essen und Trinken zu überstehen, viele sind ohnehin vor dem Eingriff zu nervös, um zu essen. Meist sieht das Prozedere in der Klinik so aus, dass du zu einer bestimmten Zeit dort sein sollst, der Termin liegt oft bei etwa 2 Stunden vor der Operation. Du wirst dort noch ein paar Formulare ausfüllen, wirst in ein „schickes" OP-Hemd gekleidet, erhältst eine Beruhigungstablette, und dann kommt bald der freundliche Pfleger oder die freundliche Krankenschwester und nimmt dich mit. Im OP-Saal lässt dich die Anästhesieärztin beziehungsweise der Arzt von 10 rückwärts zählen, und irgendwann wachst du wieder auf und bist schon im Bett in deinem Krankenhauszimmer. Dann beginnt die Routine: Visiten der Ärzte und Ärztinnen, die dich operiert haben, die regelmäßigen Mahlzeiten, mehr oder weniger Langeweile, mehr oder weniger Schmerzen und so weiter.

Sagte ich etwas von Schmerzen? Verhältnismäßig große Operationen, wie die hier vorgestellten, können zu mehr oder weniger deutlichen Schmerzen nach dem Eingriff führen. Das Maß ist individuell sehr unterschiedlich, manche spüren keinen oder kaum Schmerz, andere brauchen unbedingt Schmerzmittel. Genauso verhält es sich mit dem Heilungsprozess: Bei dem einen geht es rasant voran, der andere braucht länger. Falls du schon mal früher andere operative Eingriffe hattest, zum Beispiel am Blinddarm oder bei Knochenbrüchen, kannst du das vielleicht etwas einschätzen. Die Mastektomie wie auch die Genitaloperationen bergen außerdem ganz eigene postoperative Risiken. Nicht selten treten nach einer Mastektomie am ersten oder zweiten Tag Blutungen der frischen Wunden auf, auch Entzündungen sind möglich oder das Aufgehen der Nähte. Die Operationen im Genitalbereich sind noch risikoreicher hinsichtlich der postoperativen Komplikationen. Ein stationärer Aufenthalt von ein paar Tagen, der die sofortige medizinische Versorgung gewährleistet, ist daher sehr ratsam, auch für diejenigen, die sich auf eigene Kosten in einer Privatklinik operieren lassen.

Tipp

Eine ausführliche Broschüre über den Aufenthalt im Krankenhaus, die Zeit nach der OP und Erste Hilfe bei Problemen hat der TransMann e.V. herausgegeben. Du kannst es im Downloadbereich bei www.transmann.de als Heft 11 herunterladen.

Nach der OP und wieder zu Hause

Zurück zu Hause ist erst mal ein Gang zum Hausarzt fällig. Das Krankenhaus sollte dir bei der Entlassung ein Schreiben für den Arzt mitgeben, aus dem die Art der Operation hervorgeht. Auf dieser Basis erhältst du eine Bescheinigung zur Arbeitsunfähigkeit für deinen Arbeitgeber oder das Arbeitsamt. Die Arbeitsunfähigkeit wird meistens für circa 4 Wochen ausgestellt. Ich habe zwar auch schon von Leuten gehört, die nach 2 Wochen wieder arbeiten gegangen sind, aber eine ausreichend lange Erholungspause ist das für einen solchen schwerwiegenden Eingriff nicht. Außerdem besteht besonders bei körperlich Arbeitenden das Risiko, dass durch Belastung beim Heben, Ziehen oder bei anderen Aktivitäten die frisch vernähten Wunden, die gerade erst anfangen zu vernarben, aufgehen. Eine Belastung der frischen oder noch jungen Narben, besonders nach der Mastektomie, führt außerdem dazu, dass sie auseinandergezogen und dadurch deutlich breiter werden. Das ist zwar kein medizinisches, sondern ein kosmetisches Problem, aber wen breite Narben später stören würden, der sollte in den ersten Monaten nach der Operation darauf achten, diesen Hautbereich nicht stark zu dehnen.

Narbenpflege

Apropos Narben: Eine tägliche Narbenpflege über viele Monate solltest du dir zur Gewohnheit machen, sobald die Verbände runter sind. Bei der Wund- und Narbenpflege hat sich Bepanthen Wund- und Heilsalbe bewährt. Es gibt ähnliche, deutlich preiswertere Salben zu kaufen, nach meiner eigenen Erfahrung ist deren Heilwirkung aber nicht vergleichbar mit dem teureren Präparat. Neben der wundversorgenden Wirkung trägt der hohe Fettgehalt der Salbe dazu bei, die Narben geschmeidig zu halten. Trockenes Narbengewebe kann einreißen oder sich übermäßig verdicken; im zweiten Fall spricht man von einer HYPERTROPHEN Narbe. Alternativ zur genannten Salbenbehandlung gibt es spezielle Präparate auf Silikonbasis, als Creme oder als Pflaster. Das Silikonprodukt wird auf die Narben aufgetragen oder aufgeklebt und soll dort die natürliche Gewebefeuchtigkeit erhalten. Diese Produkte werden von vielen Operateuren empfohlen, sind aber recht teuer.

Eine dritte, und sicherlich nicht die letzte Option ist zugleich eine sehr preiswerte: Natives, kaltgepresstes Olivenöl, am besten aus kontrolliert biologischem Anbau, schmeckt und riecht nicht nur sehr gut, sondern hat auch eine ausgesprochen pflegende Wirkung auf die Haut. Olivenöl ist seit Jahrhunderten als Pflegemittel bekannt und enthält unter anderem Vitamin E, das die Haut bei ihrer Regeneration unterstützt. Wie auch die Bepanthen-Salbe kannst du das Öl ein- bis zweimal am Tag auf die Narben auftragen und sanft einmassieren. Ein weiteres gutes, allerdings teures Narbenpflegemittel ist Johanniskrautöl, das man im Handel unter dem Namen Rotöl erhält.

Die leichte Massage der Narben trägt ebenfalls zu ihrer guten Verheilung und Entwicklung bei, denn sie fördert die Durchblutung des Gewebes. Wie sich die Narben bei dir entwickeln, kannst du aber nur zu einem Teil beeinflussen. Es ist darüber hinaus individuell, ob man eher flache oder dicke Narben bildet oder ob Narbengewebe hell oder dunkel wird. Anfangs sind Narben dunkelrot, weil das Gewebe von vielen Blutgefäßen durchzogen wird. Diese werden im Laufe des Heilungsprozesses abgebaut, dadurch werden Narben allmählich blasser (das kann viele Monate dauern).

Nachsorgetermine

Du solltest ein paar Wochen nach der Operation einen Kontrolltermin mit einem der Chirurgen oder mit einer Ärztin in deinem Heimatort vereinbaren. Es liegt auf der Hand, dass die Nachsorge durch die operierenden Ärzte und Ärztinnen sinnvoller ist, da sie wissen, wie sie den Eingriff durchgeführt haben und was in einer gewissen Zeit zu erwarten ist. Wenn du aber in einer Klinik weit entfernt von deinem Wohnsitz warst, ist es sicher praktischer, deiner Hausärztin oder deinem Hausarzt von den Operateuren einen ausführlicheren Bericht zukommen und die Nachsorge vor Ort machen zu lassen. Zur Nachsorge gehört auch das Ziehen der Fäden beziehungsweise das Abschneiden der Fadenknoten bei resorptionsfähigen Fäden (das sind Fäden aus einem Material, das im Körper nach und nach abgebaut wird). Dies geschieht schon relativ früh, meist etwa 10 Tage nach einer OP. In vielen Fällen muss nach der Mastektomie noch eine kleinere Korrektur-Operation gemacht werden. Sie sollte nicht zu früh durchgeführt werden, da sich in den ersten 12 Monaten im Gesamtbild der Brust noch vieles ändern kann. Auch Genitaloperationen erfordern oft Korrekturen, zumal sie ohnehin mehrschrittig durchgeführt werden.

Wichtig auch für Transmänner: Krebsvorsorge

Wenn du gedacht hast, nie wieder eine gynäkologische Praxis betreten zu müssen, kann es sein, dass du dich getäuscht hast. Je nachdem, welche Operationen du hast durchführen lassen, sind regelmäßige Untersuchungen in ein- oder zweijährigem Rhythmus weiterhin sinnvoll. Das trifft ganz besonders zu, wenn man sich im Becken nicht vollständig hat „ausräumen“ lassen, sich also für die ADNEKTOMIE, aber gegen die HYSTEREKTOMIE entschieden hat, oder die Gebärmutter zwar entfernt, der Gebärmutterhals aber gelassen wurde (das ist für bestimmte Methoden der PHALLOPLASTIK nötig). Durch die Entfernung der Eierstöcke gibt es theoretisch zwar kein Krebsrisiko mehr in diesem Bereich, aber da es bisher völlig an Studien zur Langzeitwirkung von Testosterontherapien bei Transmännern fehlt, gibt es auch kein gesichertes Wissen über das Krebsrisiko. Zur Sicherheit empfiehlt es sich daher, jährlich eine Gynäkologin oder einen Gynäkologen aufzusuchen und eine Ultraschalluntersuchung machen zu lassen. Bei diesem Besuch sollte auch die Brust SONOGRAFISCH untersucht werden: Brustkrebs kann auch bei Männern vorkommen, ganz gleich, ob sie in einem männlichen oder weiblichen Körper geboren wurden.

Neuerdings lese und höre ich immer wieder, dass Transmänner, deren Krankenversichertenkarte auf „Mann" ausgestellt ist, in gynäkologischen Praxen nicht behandelt werden. Das kann unterschiedliche Gründe haben. Zum einen gibt es durchaus Berührungsängste, ich habe das bei einer Gynäkologin ganz massiv erlebt. Vor allem scheint es aber ein praktisches Problem zu geben: Je nachdem, welche Software die Praxis verwendet, kann diese keine Versichertenkarten einlesen, die auf einen Mann ausgestellt sind. Und so gibt es für die Praxis keine Möglichkeit, eine Untersuchung mit der Krankenkasse abzurechnen. Du hast dann aber noch zwei Möglichkeiten. Die eine ist, privat zu zahlen. Falls du selbstständig tätig bist, kannst du alle Gesundheitskosten steuerlich geltend machen. Das mindert zumindest die Ausgaben. Von einer anderen Möglichkeit wurde in einem Forum berichtet: Der Mann hat sich von seiner Krankenkasse einen speziellen Behandlungsschein ausstellen lassen, mit dem die Praxis ihre Leistungen dann abrechnen konnte.

Wenn du das erste Mal einen Termin in einer für dich neuen gynäkologischen Praxis vereinbarst, ist es das Beste, direkt danach zu fragen, ob sie dich als Mann (vorausgesetzt, deine Versichertenkarte ist so ausgestellt, du hast also eine neue Sozialversicherungsnummer) überhaupt behandeln können oder ob du einen Behandlungsschein mitbringen sollst. Du kannst natürlich auch direkt am Telefon schon fragen, ob man in der

Praxis Erfahrung mit der Untersuchung von Transmännern hat. Eine solche Frage dürfte auch zu einer guten Klärung aller damit zusammenhängenden möglichen Probleme führen.

Tipp

Der Berliner Verein TransInterQueer hat eine Broschüre für Ärztinnen, Psychologen, Therapeuten und andere medizinische Berufsgruppen herausgegeben. Darin werden Hinweise zum Verhalten Trans*-Menschen gegenüber gegeben, aber auch die Geschlechtsangleichung wird in kurzer Form erklärt. Für Tätige in medizinischen Berufen, die noch keine Erfahrung mit Trans*-Menschen haben, kann die Broschüre hilfreich sein. Sie steht als PDF im Downloadbereich der Website www.transinterqueer.de zur Verfügung.

8 Der Trans*-Alltag

Bist du in deinem Leben bis hierhin gekommen, dann hast du einen sehr weiten und nicht immer einfachen Weg geschafft. Ich habe mit großer Faszination die Veränderungen meines Körpers alleine durch die Testosteronsubstitution beobachtet. Jedes neue Haar auf meinen Beinen oder Armen war für mich eine Sensation, ganz zu schweigen vom Bartwuchs. Ich genieße es, nun auch von anderen Menschen so wahrgenommen zu werden, wie ich mich seit meiner Kindheit gefühlt und gesehen habe, und nicht mehr an der Diskrepanz zwischen meinem Selbstempfinden und den Kategorisierungen und Zuschreibungen durch andere zu leiden.

Aber nicht nur der Körper verändert sich. Als Mann wahrgenommen zu werden, hat einige Konsequenzen. Für mich ist der beste Aspekt daran, dass ich mich viel sicherer fühle als früher, nicht nur im Sinne von Selbstsicherheit, sondern auch im Sinne von Sicherheit auf der Straße. Ich werde kaum noch angerempelt, nicht mehr verbal angegriffen oder von Jugendgruppen aggressiv angestarrt. Das hängt auch damit zusammen, dass wir, meine Partnerin und ich, nun als „Heteropaar“ wahrgenommen werden, wogegen wir früher als Lesbenpaar durchaus negative Reaktionen erlebt haben. Transmänner, die mit einem Mann zusammen sind, erleben unter Umständen das Gegenteil: Während sie früher als scheinbares Paar aus Frau und Mann in Ruhe gelassen wurden, können sie nun als schwules Paar negative Reaktionen erleben.

Dieser Aspekt der Beziehung ist aber auch sehr spannend. Wie definiert man sich denn nun? Bin ich heute ein ehemals lesbischer Mann, heterosexuell oder pansexuell? Ist meine Partnerin bisexuell? Oder doch queer? Ist ein Mann, der mit einem Transmann zusammen ist, schwul oder bisexuell? Ist ein Transmann, der auch nach seiner Transition weiter mit dem gleichen männlichen Partner zusammen ist, schwul? Und was ist mit den Paaren, bei denen beide Transmänner sind, oder

Transmann und Transfrau, oder beide Transfrauen? Ich denke, diese Fragen sind nicht nur unterhaltsame Gedankenspiele, sondern zeigen auch, wie wenig die gesellschaftlichen Begriffe sexueller Identität und Orientierung tatsächlich taugen.

Im Alltag von Fremden als Mann wahrgenommen zu werden, bietet auch einige interessante Beobachtungsmöglichkeiten. In heterosexuell dominierten Männergemeinschaften werden wirklich die unglaublichsten, blödesten und niveaulosesten Witze über Frauen gerissen, die man sich vorstellen kann. Ich finde das oft nicht nur befremdlich, sondern fühle mich wie ein Ethnologe, der bei einem Volk lebt, um deren seltsame Riten zu beobachten. Und tatsächlich „studiere" ich andere Männer oft: wie sie sich in verschiedensten Situationen verhalten, was sie sagen, wie ihre Körpersprache ist. Anfangs habe ich das getan, um zu lernen, worauf ich achten sollte, um mein Passing zu verbessern. Irgendwann habe ich aber gemerkt, dass es viele stereotype Verhaltensmuster gibt, die ich nicht kopieren will. Die Faszination, das zu beobachten, hat mich bisher aber nicht verlassen. Das Verhalten anderer Männer mir gegenüber ist heute viel entspannter, oft auch vertrauter. Wo ich früher am Rand stand und skeptisch beäugt wurde, zum Beispiel bei Motorradtreffs, bin ich nun sofort in jeder Männergruppe integriert. Und auch das offen gezeigte Interesse schwuler Männer gehört in meinen neuen Erfahrungshorizont.

In dem Maße, wie sich Männer mir gegenüber anders verhalten als früher, tun dies auch Frauen. Insgesamt habe ich „einen besseren Draht" zu Frauen, ich verstehe sie vermutlich aufgrund meiner eigenen Erfahrungen besser. Aber ich bemerke, dass sich Frauen mir gegenüber in Gesprächen trotz aller Sympathie zurückhaltender verhalten als früher. Möglicherweise will „frau" keine Signale senden, die von mir, als Mann, falsch interpretiert werden könnten, und zwar als Anmache. Ausgenommen davon sind natürlich die Flirtsituationen, die ich heute häufiger erlebe als früher in Lesbenkreisen.

Das sind meine Erfahrungen, und du wirst deine eigenen machen, die durchaus anders aussehen können. Aber eines ist sehr wahrscheinlich: Deine Lebensqualität wird enorm steigen, auch wenn es Momente auf deinem Weg geben wird, die sehr schwierig sind. Freunde und Freundinnen wenden sich vielleicht ab – du wirst neue finden. Familienmitglieder mögen deine Veränderungen nicht mittragen – aber manche werden doch auch weiter zu dir stehen oder sich allmählich an die neue Situation gewöhnen. Entscheidungen für die eine oder andere Veränderung sind nicht immer leicht zu fällen – aber das ist auch in anderen Lebensbereichen so.

Wenn du deinen Weg zu dir selber gefunden hast und gegangen bist, dann hast du vielen anderen Menschen einiges voraus: Du hast Mut bewiesen. Und wahrscheinlich auch einige Ausdauer im Erreichen deines Ziels. Du kannst mit Stolz auf deine persönliche Geschichte und gelassen in die Zukunft blicken.

9 Trans*-Initiativen stellen sich vor

Es gibt im deutschsprachigen Raum und auch in anderen Ländern (zum Beispiel in den Niederlanden oder natürlich in den USA) viele verschiedene Projekte, Vereine, Gruppen und Initiativen von und für transsexuelle, intersexuelle und Transgender-Menschen. Auf den nächsten Seiten stellen sich einige Initiativen aus Deutschland und der Schweiz vor – vielen Dank für die eingesandten Texte!

FTM-Portal: www.ftm-portal.net

Das FTM-Portal ist das größte deutschsprachige Forum für Transmänner und andere Menschen, die bei der Geburt als „weiblich" einsortiert wurden, sich mit diesem Label aber nicht oder nur teilweise identifizieren können.

Seit 2006 füllt es sich nahezu unüberschaubar mit Informationen und Diskussionen zu Themen wie: „Coming-out", „Familie, Partner und Freunde", „Trans* im Beruf", „Medizinisches", „Gendertrouble" und „Rechtliches". Regionale Stammtische, Selbsthilfegruppen und Trans*Tagungen geben hier Updates zu Terminen und Inhalten. Linksammlungen verweisen auf Artikel und Webseiten zum Thema Trans* in den Medien. Besonders nützlich für den TM, der Operationen anstrebt, ist die Galerie mit OP-Fotos verschiedener Operateure, die von den Usern anonym hochgeladen werden können. Auch der Wissensspeicher (http://forum.ftm-portal.net/kb.php) enthält einige nützliche Informationen zum Trans-Weg, zum Beispiel Briefvorlagen für den VÄ-/PÄ-Antrag.

Es gibt Unterbereiche für die Schweiz und Österreich, für Partner*innen von Transmännern und für verschiedene andere Gruppen von Usern.

Für Neulinge ist es manchmal etwas schwierig, in den vielen Themen die relevanten Informationen zu bekommen, aber es gibt eine Suchfunktion. Sollte diese einmal nicht das gewünschte Ergebnis bringen, finden sich oft auch erfahrene Nutzer, die eine freundlich formulierte Frage gern beantworten. Das Forum ist auch für Angehörige und Interessierte offen. Eine kostenlose Registrierung ist erforderlich.

TransMann e. V.

TransMann e.V.

Der TransMann e.V. besteht seit dem 08.05.1999 bundesweit. Wir blicken hier auf mittlerweile 13 Jahre Erfahrung zurück. Viele kennen uns dennoch nicht. Was also machen wir genau? Wo findet man uns?

Die Hauptaufgaben des TransMann e.V. und seiner Gruppen sind zu INFORMIEREN und zu UNTERSTÜTZEN.

Wen informieren und unterstützen wir?
Transmänner beziehungsweise alle, die sich dem weiblichen Geschlecht nicht oder nur zum Teil zugehörig fühlen. Unabhängig von ihrer Entwicklungsphase. Eltern, Angehörige, Partner, Freunde, Arbeitgeber, Öffentlichkeit, Medien, Verbände und andere Gruppen, Behörden und Gerichte, Psychologen, Ärzte und Krankenkassen, Gutachter und Behandlungszentren.

Worüber informieren und wobei helfen wir?
Allgemeine Fragen zum Thema Trans*, bei Konflikten, allgemeine medizinische Fragen, bei Fragen zu Formalitäten.

Wodurch und womit macht der TransMann e. V. das?
Persönliche Gespräche, Gruppen- und Informationstreffen, Informationsnachmittage beziehungsweise Schulungen an

Schulen, Hochschulen und in Krankenhäusern, Informationen im Internet, Herausgabe von Informationsheften/-broschüren, Vernetzungstreffen mit anderen Trans*- und Szenevereinen, Auftritte in der Öffentlichkeit wie zum Beispiel Infostände, Radiointerviews, TV-Auftritte, Zeitungsartikel.

Was macht der TransMann e.V. noch?
Besuche in Krankenhäusern, Freizeitveranstaltungen.

Wo in Deutschland findet man uns?
MÜNCHEN
Gruppentreffen jeden 1. und 3. Samstag im Monat
von 16 bis 18 Uhr
Selbsthilfezentrum München, Westendstraße 68
Tram 18/19, Haltestelle Schrenkstraße
Kontaktpersonen: Christian, 0170 385 13 56,
und Jonas, 0171 311 33 40
muenchen@transmann.de

STUTTGART
Treffen einmal im Monat im Selbsthilfezentrum KISS
Tübinger Straße 15, Stuttgart-Mitte
Mit S- und U-Bahn: bis Haltestelle Stadtmitte, mit S1, S6, U2, U4 oder U14
Kontaktperson: Patrik, 0176 64 07 17 74
stuttgart@transmann.de

KÖLN
Jeden ersten Freitag im Monat im Rubicon-Beratungszentrum
Rubensstraße 8–10
Ansprechpartner: Aurelius, 0176 52 42 96 78
koeln@transmann.de

BIELEFELD
Jeden 3. Samstag im Monat Stammtisch im Tres

August-Bebel-Straße 86 a
Ansprechpartner: Florian, 0176 53 24 04 49
bielefeld@transmann.de

NOTFALLTELEFON
01803 85 19 99
(Ein Anruf aus dem deutschen Festnetz kostet 9 Cent/Minute, ein Anruf aus dem deutschen Handynetz kostet maximal 42 Cent/Minute)

E-Mail und Homepage:
info@transmann.de, www.transmann.de

TransInterQueer e.V. (TrIQ)

TransInterQueer e.V

Wer wir sind:
Seit 2006 gewährleistet TransInterQueer (TrIQ) als eingetragener Verein in Zusammenarbeit mit IVIM, ABqueer e.V. und dem Transgender-Netzwerk Berlin (TGNB) ein professionelles Beratungsangebot in den Bereichen Transgender, Intersex und Queer. TrIQ bietet Bildungs- und Aufklärungsarbeit zu Trans- und Intergeschlechtlichkeit sowie zu queeren Lebensweisen an und ist neben den oben genannten auch mit vielen anderen Projekten vernetzt, wie zum Beispiel Queer Leben, 1-0-1 intersex und Transgender Europe (tgeu).

Was sind unsere Ziele:

- Emanzipation, Selbstbestimmung und Gleichberechtigung für trans- und intergeschlechtliche sowie queer lebende Menschen

- Abbau von Diskriminierungen, Pathologisierung und Exotisierung
- Mehr Sichtbarkeit und Akzeptanz von bislang tabuisierten Geschlechtlichkeiten und Sexualitäten
- Bereicherung der Gesellschaft durch ein erweitertes Spektrum möglicher Lebensentwürfe und Ausdrucksweisen von Geschlecht

Was sind unsere Projekte und Angebote:

- Professionelle psychosoziale Beratung und Information (auch für Angehörige) mit dem Peer-Counseling-Ansatz
- Beratung durch fachlich qualifizierte trans*/ inter/queere Ehrenamtler_innen per Telefon, E-Mail und persönlich
- Sozialberatung zu Arbeitslosengeld I und II, Sozialgeld und ähnlichen Themen
- Gruppen, die sich regelmäßig treffen, zum Beispiel Transmänner&Genderboys, weder*noch, Zwittercafé, Transgenderradio
- Bildungs- und Aufklärungsarbeit: Vorträge, Seminare und Veranstaltungen, zum Beispiel die jährliche bundesweite Trans*Tagung
- Trans*politische Lobbyarbeit, zum Beispiel Reform des Transsexuellengesetzes, Projekt „Transrespect versus Transphobia Worldwide“
- Internationale Vernetzung mit Trans*Projekten, zum Beispiel: Transgender Europe, Scottish Transgender Alliance, Transgender Equality Network Ireland
- Freizeitangebote wie den monatlichen TrIQ-Film

Kontaktdaten

TransInterQueer e. V.
Glogauerstraße 19, Hinterhof 1. OG, 10999 Berlin
Telefon: (030) 6167 529-16
E-Mail: triq@transinterqueer.org
www.transinterqueer.org

Persönliche Beratung:
Zeiten nach vorheriger Terminabsprache. Beratungstermine können unter (030) 6167 529-16 beziehungsweise -15 (AB) telefonisch oder per E-Mail unter beratung@transinterqueer.org vereinbart werden.

Telefonische Beratung:
Unter (030) 6167 529-15 (AB außerhalb der Beratungszeiten); Zeiten je nach Absprache, ohne Termin immer dienstags von 16.00 bis 17.00 Uhr

Beratung per E-Mail:
beratung@transinterqueer.org

Transgender Network Switzerland (TGNS)

Transgender
Network
Switzerland

Wer oder was ist TGNS?
Der Verein Transgender Network Switzerland, kurz TGNS, ist die 2010 gegründete schweizweite Lobbyorganisation von und für Transmenschen. Trans* steht für transgender, transident, transsexuell – und alle andern, die sich mit dem Geschlecht, das ihnen bei Geburt zugewiesen wurde, nicht identifizieren können. TGNS bezweckt auf nationaler Ebene die Interessenvertretung und die Vernetzung von einzelnen Transmenschen, ihren lokalen Gruppierungen und Organisationen. Dazu stehen wir Medien und der Öffentlichkeit mit Fachwissen und Erfahrung gerne zur Seite. Als Fachpersonen sehen wir Information und Unterstützung von Trans*Menschen und ihrem Umfeld als weitere wichtige Aufgabe.

Der Vereinszweck erstreckt sich primär auf die Schweiz, doch wird auch die internationale Vernetzung und Kooperation angestrebt. So ist TGNS Mitglied von Transgender Europe.

Arbeits- und Projektgruppen

TGNS ist in mehrere thematische Arbeits- und Projektgruppen unterteilt. So organisiert die Arbeitsgruppe Public Veranstaltungen ausserhalb der Trans-Community, wie etwa die Teilnahme an Prides (CSD), die Beteiligung an Filmfestivals, Podiumsveranstaltungen und Diskussionen oder den Transgender Day of Remembrance. Eine andere Gruppe organisiert Partys, deren Erlös TGNS zukommt. Im Jahr 2013 wird erstmals eine Transtagung in der Schweiz stattfinden, wozu sich bereits ein Organisationskomitee gegründet hat. Eine Jugendgruppe für alle unter 27 Jahren trifft sich in regelmässigen Abständen. Sehr wichtig ist die Angehörigengruppe, die für Eltern, Partner, Geschwister oder Kinder zum Austausch und Information über Trans einlädt. Auch Tagungen werden organisiert, so beispielsweise eine eintägige Veranstaltung zu (Menschen-)Rechtsfragen, die sich primär an Fachpersonen richtet.

Fachstellen

Seit 2012 gibt es zwei Fachstellen in Zürich und Lausanne (mit je 20%-Pensum) für Transmenschen, die den Checkpoints der Schweizer Aidshilfe angegliedert sind. Sie sind Anlaufstellen für alle Fragen und Informationen zum Thema Trans* in der Schweiz. Sie bieten Veranstaltungen für Gruppen oder Unterstützung bei der Frage, wie Abläufe und Strukturen transfreundlich gestaltet werden können. Schwerpunkt ist jedoch die Beratung von Transmenschen und deren Angehörigen, direkt durch die Fachstelle oder durch ehrenamtliche Beratende.

Vernetzung

TGNS arbeitet mit allen LGB-Organisationen der Schweiz auf politischer Ebene zusammen, aber auch mit Menschenrechtsorganisationen wie Queer Amnesty oder dem Schweizerischen Kompetenzzentrum für Menschenrechte. Kontakte zu Behörden und Fachpersonen aus den Bereichen Recht, Gleichstellung und Arbeitsmarkt werden gepflegt, ebenso wie zu medizinischen Fachpersonen.

Transgender Network Switzerland
Postfach 1464
CH-8021 Zürich
info@tgns.ch
www.tgns.ch
Facebook: Tgns Switzerland

StandUp – das Antidiskriminierungsprojekt der Schwulenberatung Berlin

StandUp ist das Antidiskriminierungsprojekt der Schwulenberatung Berlin, gefördert von der Landesstelle für Gleichbehandlung – gegen Diskriminierung. Wir bieten transgeschlechtlichen Menschen, schwulen Männern und Menschen mit HIV und Aids Beratung und Unterstützung im Diskriminierungsfall.

TRANS* und DISKRIMINIERT
Transgeschlechtliche Menschen, schwule Männer und Menschen mit HIV und Aids erleben Diskriminierungen als körperliche, strukturelle oder psychische Gewalt. Oder in Form von Mobbing, Fremd-Outing, Beschimpfung, Verweigerung von Leistungen oder Nichtanerkennung der Geschlechtsidentität. Und das auch aus Gründen der Hautfarbe, der ethnischen Herkunft, des sozialen Status, des Alters, einer Behinderung, der politischen Weltanschauung oder Religion. Bei StandUp findest du einen sicheren Ort, an dem du eine Diskriminierungserfahrung teilen kannst und ernst genommen wirst.

Was tun im Diskriminierungsfall
Wenn du eine Diskriminierung erfahren hast, eine Diskriminierung befürchtest oder wissen möchtest, wie du andere im Diskriminierungsfall unterstützen kannst, beraten wir dich persönlich, telefonisch oder per E-Mail. Wir sprechen Englisch, Französisch und Spanisch, weitere Mitarbeiter_innen der Schwulenberatung sprechen unter anderem Dänisch, Polnisch, Schwedisch, Tschechisch und Türkisch. Dolmetscher_innen für weitere Sprachen können organisiert werden. In der Schwulenberatung Berlin stehen außerdem Rechtsanwält_innen zur kostenfreien Rechtsberatung zur Verfügung.

DU KANNST DICH WEHREN – STRATEGIEN
Im persönlichen Gespräch klären wir deine Bedürfnisse und du erhältst einen Überblick über Möglichkeiten, mit der Diskriminierung umzugehen. Gemeinsam überlegen wir, welche Strategien in Frage kommen und deinen Wünschen entsprechen. Wir können dich zum Beispiel zur Polizei begleiten, Stellungnahmen verfassen, Anwält_innen vermitteln, andere Unterstützer_innen aus Parteien, Verbänden, Organisationen gewinnen oder mit Medien arbeiten. Wir beraten dich parteilich.

StandUp ist Teil des Berliner Netzwerks Lesben, Schwule, Transgender für Gleichbehandlung – gegen Diskriminierung. Wir kooperieren eng mit der Antidiskriminierungsstelle des Bundes, der Landesantidiskriminierungsstelle, mit schwul/lesbisch/trans* Projekten in Berlin, dem Antidiskriminierungsnetzwerk Berlin, den Ansprechpartner_innen der Berliner Polizei für gleichgeschlechtliche Lebensweisen und anderen.

Im Diskriminierungsfall oder auf der Suche nach Informationen wende dich an Leo Wild: Tel. 030 23 36 90 70 oder per Mail an l.wild@schwulenberatungberlin.de. Du erreichst StandUp auch über Facebook (unter StandUp Antidiskriminierung Schwulenberatung Berlin).

Transfamily

Wir, Transfamily, sind ein Zusammenschluss transsexueller Menschen, ihrer Partner und Angehörigen. Am 1. September 2001 haben wir begonnen, Erfahrungsaustausch, Treffen und Beratung von Betroffenen für Betroffene aktiv zu organisieren. Zunächst im Raum Duisburg aktiv, sind immer mehr Menschen auch aus weiterem Umkreis hinzugekommen. Einmal monatlich treffen sich Betroffene in Duisburg zum Erfahrungsaustausch.

Wir haben festgestellt, welche große Bedeutung Selbsthilfe für die Betroffenen hat. Sie wird als positiver, stabilisierender Einfluss auf die Identitätsbildung erlebt. Das persönliche Gespräch spielt eine ganz wichtige Rolle. Voraussetzung dafür ist allerdings eine „gute", von gegenseitiger Wertschätzung und Akzeptanz geprägte Atmosphäre in der Gruppe. In unserer Gruppe besteht eine solche Atmosphäre, und so kann die Gruppe als hilfreich im transsexuellen Individuationsprozess erlebt und genutzt werden. Sie hat in der Zeit vor den hormonellen und chirurgischen Interventionen und in der Zeit danach eine besondere Bedeutung.

Da wir nur eine kleine Gruppe sind, haben wir uns gegen eine Vereinsgründung ausgesprochen, nicht nur weil dies nicht der „Kultur" und den Vorstellungen der Betroffenen entspricht, sondern auch weil ein sehr großes Bedürfnis nach Anonymität besteht und für einen Verein daher auf keine relevante Mitgliederzahl zu hoffen wäre. Stattdessen agieren wir als offene landesweite Selbsthilfegruppe, die weniger auf rechtliche Strukturen als vielmehr auf eine lebendige Gemeinschaft setzt.

Elternforum

Auch Eltern haben Probleme, mit der Transsexualität ihres Kindes/ihrer Kinder umzugehen, diese anzunehmen und hinter ihren Kindern zu stehen. Um es für Eltern einfacher zu machen, bieten wir im Forum der Transfamily einen geschützten Bereich an, der von außen für niemanden, auch nicht für die Kinder selbst, einsehbar ist.

Auch Eltern müssen und dürfen mal unter sich sein, damit sie auch mal ihr Herz ausschütten können und mit ihren eigenen Problemen, Sorgen und Gedanken ernstgenommen werden und sich gegenseitig helfen können. Umso besser können wir Eltern dann unsere Kinder verstehen und unterstützen.

Nichts ist schlimmer, als das eigene Kind fallenzulassen, nur weil es sich in so großer Not zwischen seinem Geburtsgeschlecht und seiner eigenen Geschlechtszugehörigkeit empfindet. Damit alle Eltern, die den Austausch suchen, besser zurechtkommen, denn natürlich gibt es auch die elterlichen Gefühle dabei, bieten wir hier den offenen Austausch an, zu dem ebenso die positiven Erfahrungen gehören, um anderen Mut zu machen.

Transfamily, die Seite für Transmänner, Transfrauen, deren Angehörige und Freunde. Erreichbar per E-Mail unter info@transfamily.de, Webseite: www.transfamily.de.

Selbsthilfegruppe TransIdent in Münster/ Westfalen

Selbsthilfegruppe für transidente (transsexuelle) Menschen

- Transmänner (Frau zu Mann)
- Transfrauen (Mann zu Frau) und
- Intersexuelle beider Identitäten

Transmänner und Transfrauen sind gleichermaßen vertreten! Von jung bis älter und von „Findungsphase“ über „am Anfang des Weges“ bis „in der Angleichungsphase“ und „so weit fertig“ ist alles vertreten und sind alle willkommen!

Es ist zudem völlig egal, an welcher Station eures Weges ihr euch befindet, wie ihr drauf seid, wie alt ihr seid, ob ihr in Arbeit seid oder nicht, wie weit ihr Frau oder Mann seid, was ihr für Kleidung tragt usw. Wir treffen uns regelmäßig zum lockeren Beisammensein, um:

- mit Gleichgesinnten Erfahrungen und Informationen auszutauschen
- gemeinsame Wege der Problembewältigung zu finden
- sich auszusprechen
- Infos und Tipps auszutauschen über: psychologische Begleittherapie, medizinische Möglichkeiten, juristisches Verfahren der Vornamens- und Personenstandsänderung, Antragsverfahren und Kommunikation mit den Krankenkassen, Ärzte, Gutachter etc.
- seinesgleichen zu treffen
- gemeinsame Freizeit-Aktivitäten zu starten

Wir freuen uns immer wieder, neue Gesichter und Menschen kennenzulernen. Unsere gemeinsamen Erfahrungen zeigen, dass das Kennenlernen von anderen Betroffenen jedem eine große Hilfe ist.

Wann: jeden 2. Samstag im Monat um 15.00 Uhr
Wo: im KCM Münster, Am Hawerkamp 31, 48155 Münster
Kontakt über: Selbsthilfe-Kontaktstelle Münster,
Tel. 0251 60 93 32 30

Direkt:
Transmänner Tel. + SMS: 0173 441 16 34
Transfrauen Tel. + SMS: 0162 893 46 03
E-Mail: Auskunft@TS-Selbsthilfegruppe-Muenster.de
Internet: www.TS-Selbsthilfegruppe-Muenster.de
Post: SHG TransIdent, Postfach 10 04 48, 48053 Münster

Die Gruppe besteht mittlerweile seit mehr als 20 Jahren! Wir werden gefördert durch die Stiftung Siverdes und die Krankenkassen/-verbände in der kreisfreien Stadt Münster in Westfalen.

Es Wird Besser Schweiz

Am 21. September 2010 gründeten Dan Savage und sein Mann Terry Miller in den USA das Projekt „It Gets Better". Ausschlaggebend waren die immer mehr werdenden Berichte über Selbstmorde jugendlicher Schwuler, Lesben und Transmenschen. Die zwei nahmen ein Video auf, in dem sie den Zuschauer_innen sagen: It Gets Better! Es Wird Besser! Auch wenn du in der Schule gemobbt wirst, auch wenn dir homo- und transphobe Wörter an den Kopf geworfen werden; wenn du durchhältst, wirst du sehen, dass es besser wird.

In den folgenden Wochen und Monaten haben hunderte Menschen es Dan und Terry gleichgetan und in einem Video ihre Geschichte erzählt. Heute sind es bereits tausende Videos, die Hoffnung stiften sollen. Unter anderem sprechen auch US-Präsident Barack Obama und viele andere bekannte Persönlichkeiten helfende Worte.

Im Frühling 2011 hat sich der Berner Daniel R. Frey darangemacht, das amerikanische Projekt in die Schweiz zu bringen. In Fabio Huwyler fand er einen motivierten Projektpartner, und schon bald wurden die ersten zwei Videos auf YouTube geladen. Schnell konnten weitere Leute für das Projekt gewonnen werden, und die Videosammlung wuchs immer weiter. Nach einiger Zeit wurden auch die Medien auf den Schweizer Ableger des Projekts aufmerksam, und bekannte Persönlichkeiten liehen ihre Stimmen für den Kampf gegen Homophobie und Transphobie in der Schweiz. Auch der Autor dieses Buches ist mit seiner Geschichte ein Teil der Revolution. Seit November 2012 agiert Es Wird Besser Schweiz als Verein und versucht, nicht nur mit Videos, sondern auch mit Aktionen die Phobien zu bekämpfen.

www.eswirdbesser.ch
facebook.com/eswirdbesserCH

Glossar

A

Abbinden
Verstecken der weiblichen Brust durch straffes Umwickeln des Oberkörpers mit verschiedenen Hilfsmitteln oder durch Tragen eines speziell für diesen Zweck angefertigten Bekleidungsteils.

Adnektomie
→ Ovarektomie; *Adnexa* ist das lateinische Wort für Eierstock.

Areola
Der Warzenhof, der die Brustwarze (→ Mamille) umgibt und meist etwas dunkler pigmentiert ist.

B

Biologisches Geschlecht
→ Geschlecht, biologisches

C

Cis, Cisgender, Cismann, Cisfrau
Cisgender (lateinisch *cis* = „diesseits“ und englisch *gender* = „Geschlecht“) ist das Gegenteil von Transgender (lateinisch *trans* = „jenseitig, darüber hinaus“), bezeichnet also Menschen, deren Geschlechtsidentität mit ihrem körperlichen Geschlecht übereinstimmt. Dies trifft auf die meisten Menschen zu. Den Ausdruck „Zissexualität“ beziehungsweise „Zissexuelle“ hat 1991 der Sexualwissenschaftler Volkmar Sigusch eingeführt (siehe Literatur), um auszudrücken, dass es Zissexuelle geben muss, wenn es Transsexuelle gibt, und dass das als normal unterstellte Zusammenfallen von Körpergeschlecht

und Geschlechtsidentität keine Selbstverständlichkeit ist. Der Begriff Cisgender löst als Bezeichnung die älteren Bezeichnungen für Nichttransgender ab, wie „geborene Frauen (oder Männer)“ oder „genetische Männer (oder Frauen)“ oder auch „Biomann“ und „Biofrau“. (Quelle: http://de.wikipedia.org/wiki/Cisgender)

Coming-out
Wird in Foren oft auch mit CO abgekürzt und beschreibt den Prozess, sich mit einem zuvor vor anderen versteckten Aspekt der Persönlichkeit zu offenbaren, also andere darüber zu informieren. Der Begriff wurde zunächst für das Offenlegen einer schwulen, lesbischen oder bisexuellen Lebensweise genutzt, später aber auch für SM-Lebensstile und schließlich für Trans*-Identitäten.

Cosplay
(Japanisch *kosupure*) Bezeichnet einen japanischen Verkleidungstrend, der im Laufe der 1990er Jahre mit dem Manga- und Anime-Boom auch in die USA und nach Europa kam (Quelle: http://de.wikipedia.org/wiki/Cosplay). Im Cosplay werden Helden aus Mangas und Anime-Filmen nachgeahmt. Da in diesem Kunstgenre öfter sowohl lesbische als auch schwule Charaktere positiv dargestellt sind, eröffnet sich durch Cosplay schon mal ein Spiel mit Identitäten. Zudem ist es in der Cosplay-Szene nicht tabuisiert, als → Cismann einen weiblichen Charakter oder als → Cisfrau einen männlichen Charakter darzustellen. In gewisser Weise findet im Cosplay daher auch → Crossdressing statt.

Crossdressing, Crossdresser
Der in den 1970er Jahren in den USA geprägte Ausdruck des Crossdressings bezeichnet das Tragen der Kleidung des „anderen“ Geschlechts. Diese Definition setzt freilich voraus, dass man von zwei Geschlechtern ausgeht, für die es zudem

eindeutig unterscheidbare Bekleidung gibt, die für das jeweils andere Geschlecht tabu ist. Für die folgende Erklärung nutze ich im Sinne der Verständlichkeit also diese Vorstellung. Es gibt sehr unterschiedliche Beweggründe für Crossdressing. Historisch hat es Frauen oft ermöglicht, Berufe auszuüben, die Männern vorbehalten waren, oder ihre Liebe zu Frauen zu leben, ohne dafür stigmatisiert oder verfolgt zu werden. Im Kulturbereich gab und gibt es Crossdressing als Teil der Inszenierung oder als Lösung für politische Auflagen. So durften zur Zeit Shakespeares Frauen nicht auf Bühnen auftreten, deshalb wurden alle weiblichen Rollen von Männern gespielt. Schließlich kann man auch Dragqueens und → Dragkings zu den Crossdressern zählen.

Cyberskin

Markenname für einen thermoplastischen Elastomer-Kunststoff. Das Besondere an diesem Material ist, dass es sich ähnlich wie menschliche Haut anfühlt. Es wird auch unter anderen Markennamen wie zum Beispiel Ultraskin und Eroskin verkauft. Thermoplastische Elastomere werden aus Silikon und Polyvinyl hergestellt und sollten deshalb nur mit Gleitmitteln auf Wasserbasis verwendet werden, da andere Gleitmittel das Material angreifen. (Quelle: http://en.wikipedia.org/wiki/Cyberskin; eigene Übersetzung)

D

Depot, Hormondepot

Der Ausdruck Depot beschreibt einen Vorrat, der von einer Substanz oder einer Sache angelegt wird. In bestimmten Fällen kann man auch von einem Lager sprechen. Das Hormondepot entsteht durch das → intramuskuläre Spritzen von Hormonen. Das Medikament ist so zusammengesetzt, dass es langsam vom Körper aufgenommen wird. So entsteht ein Hormondepot für einen längeren Zeitraum.

Dildo
Ein Dildo ist ein Sexspielzeug in phallischer Form, das in seinem Aussehen einem Penis nachgebildet sein kann. Es gibt jedoch auch völlig andere Modelle, von Gemüse- und Tiernachbildungen bis zu modernen, eleganten Designs. Wie in der Form variieren Dildos auch in Farbe und Material sehr stark. Dildos werden mittels spezieller Riemenkonstruktionen oder Gürteln getragen und zur vaginalen, analen oder oralen Penetration verwendet.

Dragking
Als Dragkings (in Anlehnung an Dragqueens) werden Frauen bezeichnet, die innerhalb einer Bühnenrolle in typisch männlicher Bekleidung und mit entsprechendem Aussehen stereotype männliche Verhaltensweisen darstellen oder persiflieren. Darüber hinaus gibt es eine Reihe von Dragkings, die sich selbst nicht in einem heteronormativen Kontext als Frau verstehen oder selbst Männer sind, die bestimmte Arten der Männlichkeit, beispielsweise Machismo/Machogehabe, überspitzt darstellen. Die Aktivität von Dragkings wird auch als Dragkinging oder kurz Kinging bezeichnet. Das Kinging geschieht zum Teil auch im Alltag, zum Teil im geschützten Bereich einer subkulturellen Szene. (Quelle: http://de.wikipedia.org/wiki/Dragking)

DSM
Abkürzung für Diagnostic and Statistical Manual of Mental Disorders: „Diagnostisches und Statistisches Handbuch Psychischer Störungen“. Das DSM ist ein Handbuch der Amerikanischen Psychiatrischen Vereinigung, in dem psychische Erkrankungen klassifiziert sind, also eingeteilt und erklärt. Es soll Psychiater bei der Diagnose solcher Erkrankungen unterstützen und basiert auf der → ICD.

E

Epithese, Epithetiker, Epithetik

Eine Epithese ersetzt wie die → Prothese ein fehlendes Körperteil. Sie kann, muss aber nicht, funktional sein und wird vor allem mit Blick auf das authentische Aussehen gestaltet. Ohrmuschel-und Gesichtsepithesen für Brand- oder Unfallopfer sind hierfür Beispiele. Epithetiker stellen allerdings auch funktionale Epithesen her, hierzu gehören individuell genau an die Haut- und Haarfarbe angepasste Geschlechtsorgane.

F

Fistel

Eine Fistel ist eine nicht natürlich vorbestehende, röhrenartige Verbindung von einem Hohlorgan (zum Beispiel der Harnröhre) mit einem anderen Hohlorgan oder mit der Hautoberfläche.

FTM, FzM

Abkürzungen für: Female to Male = FTM, Frau zu Mann = FzM

G

Gender

Der aus dem Englischen stammende Begriff Gender bezeichnet das → soziale Geschlecht.

Geschlecht, biologisches

Der Begriff des biologischen Geschlechts ist vor allem eine Definition auf Basis körperlicher Merkmale. Hierbei wird von der Existenz eines männlichen und eines weiblichen Geschlechts ausgegangen, die sich in der Fortpflanzung ergänzen (= komplementär zueinander sind). Zu den Merkmalen des biologischen Geschlechts werden die primären und sekundären

Geschlechtsmerkmale sowie Chromosomensatz und Hormonstatus gezählt.

Geschlecht, soziales
Während das Konzept vom → biologischen Geschlecht von körperlichen Kriterien ausgeht, wird als soziales Geschlecht die Geschlechterrolle in der Gesellschaft verstanden. Dazu gehören diejenigen Merkmale, die in einer Kultur als typisch für ein bestimmtes Geschlecht betrachtet werden, zum Beispiel Kleidung, Berufe oder Verhalten. Im Englischen wird das soziale Geschlecht als *gender*, das biologische als *sex* bezeichnet.

Geschlechtsidentität
Die Geschlechtsidentität setzt sich letztlich aus einer Vielzahl an Faktoren zusammen, zu denen man grob unterteilt das → biologische und das → soziale Geschlecht zählt.

Globuli
Globuli sind kleine Kügelchen, die in der Alternativmedizin, zum Beispiel in der Homöopathie, eine Darreichungsform von Wirkstoffen sind, sozusagen statt Tabletten.

Gynäkomastie, Pseudogynäkomastie
Vermehrung des Brustdrüsengewebes bei Männern, verursacht durch hormonelle Störungen oder als Nebenwirkung von Medikamenten. Die Pseudogynäkomastie ist dagegen eine Einlagerung von Fettgewebe in der Brust und geht normalerweise mit Übergewicht einher.

H

Hämatom
Wird ein Blutgefäß unterhalb der Haut verletzt und tritt Blut von dort in das Körpergewebe ein, nennt man diese Blutan-

sammlung Hämatom oder Bluterguss. Im Volksmund heißt es auch „blauer Fleck“ und speziell am Auge „Veilchen“.

Heteronormativität
Eine soziale und politische Sichtweise menschlichen Zusammenseins, die Heterosexualität zur Norm erklärt und zudem von einer reinen Zweigeschlechtlichkeit ausgeht.

Hormondepot
→ Depot

Hormonsubstitution
Von Hormonsubstitution spricht man, wenn Hormone, die der Körper nicht oder nicht in ausreichender Menge produzieren kann, von außen zugeführt werden. Oft findet man im Internet die Abkürzung HST = Hormonsubstitutionstherapie.

Hypertrophe Narbe
Die hypertrophe Narbe kann kurz nach oder noch während der Wundheilung entstehen. Ursache ist eine Überproduktion von Bindegewebsfasern. Die Narbe neigt zur Wulstbildung und erhebt sich über das sie umgebende Hautniveau, bleibt allerdings grundsätzlich auf das ursprüngliche Verletzungsgebiet beschränkt. Hypertrophe Narben treten vermehrt dann auf, wenn der Wundbereich nicht ruhiggestellt beziehungsweise geschont wird oder wenn eine zusätzliche Infektion auftritt. Von der hypertrophen Narbe unterschieden wird das Keloid, bei dem sich die Wulstbildung über das ursprünglich verletzte Gebiet hinaus auch auf unbeschädigte Haut ausdehnen kann. (Quelle: http://de.wikipedia.org/wiki/Hypertrophe_Narbe).

Hysterektomie
Die Entfernung der Gebärmutter (griechisch *Hysteria*).

I

ICD
Abkürzung für: International Statistical Classification of Diseases and Related Health Problems („Internationale statistische Klassifikation der Krankheiten und verwandter Gesundheitsprobleme“). Die ICD (aktuell in der Version 10, daher eigentlich: ICD-10) ist das Klassifizierungssystem, nach dem Ärzte und Krankenkassen in Deutschland Erkrankungen verschlüsseln müssen, zum Beispiel in Abrechnungen und Überweisungen. Sie wird von der Weltgesundheitsorganisation (WHO, World Health Organization) herausgegeben und soll international angewendet werden.

Intramuskuläre Injektion (I. M. oder IM)
Das Einbringen eines flüssigen Arzneimittels in einen Skelettmuskel mittels Spritze und Kanüle (beziehungsweise Fertigspritze). (Quelle: http://de.wikipedia.org/wiki/Intramuskulär)

L

Leisten, Schuhleisten
Der Schuhleisten ist ein Formstück aus Holz, Metall oder Kunststoff, das die Form und Größe für die Anfertigung eines Schuhs vorgibt. Mit dem Leisten wird nicht nur die Länge, sondern auch die Breite des Schuhs in seinen einzelnen Abschnitten vorgegeben. Für maßgefertigte Schuhe wird ein individueller Leisten für den Kunden gefertigt.

M

Mamille
Die Brustwarze. Hier münden die Milchdrüsen. Bei anderen Säugetieren sprechen wir von Zitzen. → Areola

Mastektomie
Diese Wortzusammensetzung ist abgleitet von lateinisch *Mammae* = Brüste und dem griechischen Wort *Ektomie* = Herausschneiden, Entfernen. Als Mastektomie wird die Entfernung der Brustdrüse bezeichnet. Dabei werden Milchdrüsen und Fettgewebe entfernt und es wird versucht, Warzenhof und Brustwarze optisch und sensorisch zu erhalten.

Metoidioplastik, Klitorispenoid
Operative Umgestaltung einer unter Testosteroneinfluss vergrößerten Klitoris zu einem kleinen Penis.

MTF, MzF
Abkürzungen für: Male to Female = MTF, Mann zu Frau = MzF

O

Ödem
Ein Ödem ist eine Schwellung des Körpergewebes, die durch Einlagerung von Wasser hervorgerufen wird.

Ovarektomie
Die Entfernung der Eierstöcke (lateinisch *Ovarium*).

Ovariohysterektomie
Bei der Ovariohysterektomie werden in einer einzigen Operation sowohl die Eierstöcke und Eileiter als auch die Gebärmutter entfernt. Diese Methode ist in Deutschland auch unter dem Namen „Totaloperation“ bekannt.

P

Packer, Packing
Mit dem englischen Ausdruck Packing ist das Tragen eines Gegenstandes im Frontbereich der Unterhose oder Hose

gemeint. Durch die „Beule“ erscheint der Eindruck vorhandener männlicher Genitalien (Penis und Hoden). Der ebenfalls englische Ausdruck Packer bezeichnet ein Objekt aus Silikon oder ähnlichem Material (→ Cyberskin), das den Penis und meist auch Hodensack und Hoden nachbildet.

Passen

(Ausgesprochen mit langem „a“) Verb zu → Passing

Passing

Ausgesprochen mit langem „a“; von englisch *to pass for* oder *to pass as* = „als ... durchgehen, sich als ... ausgeben“. Das Passing eines Transmanns ist das „Durchgehen“ oder auch Erkanntwerden als Mann, und zwar nicht nur in der eigenen Szene, sondern von der gesellschaftlichen Mehrheit, also von Fremden, im Alltag auf der Straße und so weiter. Gilt natürlich genauso für Transfrauen, die als Frauen erkannt werden. Das Prinzip lässt sich auf jede Situation übertragen, in der jemand aufgrund bestimmter sichtbarer Merkmale von Mitgliedern einer Gesellschaft als einer der ihren anerkannt oder eingeordnet wird.

Phalloplastik, Penoid, Neopenis, Neophallus

Umfangreiche operative Gestaltung eines Penis (Phallus).

Prothese

Eine Prothese ersetzt ein fehlendes Körperteil. Beispiele dafür sind Beine, Finger, Ohren, Augenlider oder der Penis. Im Gegensatz zu einer → Epithese soll eine Prothese in erster Linie eine Funktion, die mit dem fehlenden Körperteil weggefallen ist, ermöglichen. So ermöglichen Beinprothesen das Gehen, Penisprothesen das Urinieren. Die Ästhetik oder das möglichst originalgetreue Aussehen steht dabei nicht im Vordergrund.

Prozesskostenhilfe
Im Falle eines Rechtsstreits, aber auch im Zusammenhang mit anderen zivilrechtlichen Vorgängen am Gericht wie der Vornamens- und Personenstandsänderung, kann man Prozesskostenhilfe (PKH) beantragen. Die Gewährung der PKH ist von den persönlichen Einkommensverhältnissen des Antragstellers abhängig. Wird die PKH vom Gericht bewilligt, kann das bedeuten, dass man entweder keine Kosten zu tragen hat oder nur einen Teil der Kosten zahlen muss oder die vollen Kosten in Raten zahlen kann. Dies ist wiederum vom Einkommen abhängig. Es bietet sich an, gleich bei Beantragung zum Beispiel der Vornamensänderung auch die PKH zu beantragen, falls man ein geringes Einkommen hat. Nähere Informationen dazu findet man auf den Seiten des deutschen Justizportals (www.justiz.de/formulare/zwi_bund/zp1a.pdf).

S

Sonografie, sonografische Untersuchung
Ultraschall, Untersuchung mit Ultraschall.

Soziales Geschlecht
→ Geschlecht, soziales

Stenose
Eine Stenose ist eine Verengung von Blutgefäßen und anderen hohlen Organen (zum Beispiel der Harnleiter), die den normalen Durchfluss von Blut oder anderen Körperflüssigkeiten mindert.

Stuffer
(Abgeleitet von englisch *to stuff* = stopfen, ausstopfen, hineinstopfen) → Packer

T

Testosteronsubstitution
→ Hormonsubstitution

TM
TM ist in diesem Buch die Abkürzung für Transmann, Transmaskulinität oder Transmensch.

Trans*/trans*
Das Sternchen in Trans* symbolisiert die Offenheit für verschiedene Ausformungen von Trans-Identitäten. Diese Schreibweise wurde in queeren, politisch orientierten Szenen entwickelt, um der Wiederholung der abgelehnten Zweigeschlechtlichkeit in den Ausdrücken Transmann und Transfrau eine sprachliche Alternative entgegensetzen zu können.

Transident, transidentisch
Transident ist von Transidentität abgeleitet und soll, ähnlich wie Trans*, mehr Offenheit für verschiedene Identitäten jenseits männlicher und weiblicher Stereotype ermöglichen.

TSG
Abkürzung für Transsexuellengesetz. Dieses Gesetz legt in Deutschland seit dem 10. September 1980 das juristische Vorgehen für die Vornamens- und Personenstandsänderung für transsexuelle Menschen fest. Es ist online in seiner aktuellen Fassung unter www.gesetze-im-internet.de/tsg/ abrufbar.

(Stand der Wikipedia-Zitate: März 2012)

Linksammlung

Organisationen und Initiativen, Politik und Gesetzestexte

TransMann e. V.
www.transmann.de

Im Herbst 2012 hat der TransMann e. V. eine Broschüre herausgegeben, in der in Kurzfassung die wichtigsten Themen für Transmänner angesprochen werden.
www.transmann.de/downloads/Heft1_FAQ-Stand2012_farbig.pdf

FTM-Portal
www.ftm-portal.net

Transfamily
www.transfamily.de

Transtagung Berlin
www.transtagung.de

Transtagung Gießen
www.transtagung-giessen.de

Transtagung München
www.transtagung-muenchen.com

Transgender Europe, Lobbyorganisation für Transrechte in Europa
www.tgeu.org

TransInterQueer e. V., Beratungs- und Bildungsinitiative in Berlin
www.transinterqueer.org

Transgender Network Switzerland
www.transgender-network.ch

Transtagung Schweiz
www.transtagung.ch

TransX e. V. (Österreich)
www.transx.at

ATME (Aktion Transsexualität und Menschenrechte)
www.atme-ev.de

GIRES (Gender Identity Research and Education Society)
www.gires.org.uk/index.php

Initiative zur Reform des TSG
www.artikel2.de

Organization Q (Bosnien-Herzegowina) setzt sich für den Schutz von Kultur, Identität und Rechten queerer Menschen ein.
www.queer.ba

Deutsche Gesellschaft für Transsexualität und Intersexualität e. V. (dgti)
www.dgti.de

Transrespect Versus Transphobia Worldwide: In 58 Ländern weltweit wurde die rechtliche Situation sowie die medizinische Versorgung von Transmenschen untersucht.
www.transrespect-transphobia.org/en_US/mapping.htm

Bei der Gewerkschaft Ver.di gibt es den „Regenbogen" sowie Verdi Queer, unter deren Dächern queere Lebensweisen und Identitäten versammelt sind.
http://regenbogen.verdi.de und **www.verdi-queer.de**

Thomas Hammarberg, EU-Kommission für Menschenrechte, hat 2009 ein interessantes Papier vorgelegt (auf Englisch, sehr umfangreich). Darin wird die rechtliche Situation Transsexueller und Intersexueller in der EU beschrieben und insbesondere dargestellt, wo Diskriminierung und transphobe Gewalt stattfinden. Das Papier spricht als Fazit Empfehlungen für die Mitgliedstaaten der EU aus, um die Situation trans- und intersexueller Menschen zu verbessern.
http://bit.ly/HbvgFc

2012 ist ein Report der EU erschienen: „Trans- und intersexuelle Menschen. Diskriminierung von trans- und intersexuellen Menschen aufgrund des Geschlechts, der Geschlechtsidentität und des Geschlechtsausdrucks". Darin wird beschrieben, wie und in welchen Lebenssituationen trans- und intersexuelle Menschen in den Staaten der EU juristisch und sozial benachteiligt werden. Der Bericht kann online als PDF heruntergeladen oder kostenlos als Buch bestellt werden.
http://bit.ly/QJH3LY

Das deutsche Passgesetz (PaßG) in seiner aktuellen Version, darin ist auch die Eintragung eines Künstlernamens geregelt.
www.gesetze-im-internet.de/bundesrecht/pa_g_1986/gesamt.pdf

Das Transsexuellengesetz (TSG), also das „Gesetz über die Änderung der Vornamen und die Feststellung der Geschlechtszugehörigkeit in besonderen Fällen"
www.gesetze-im-internet.de/tsg/index.html

Entscheidung des Bundesverfassungsgerichts vom 11.1.2011 über die Verfassungswidrigkeit der Sterilisationsforderung
http://bit.ly/fv3BQW

Wissenschaft, Forschung, Gesundheit

Standards der Behandlung und Begutachtung von Transsexuellen
www.mds-ev.org/media/pdf/RL_Transsex_2009.pdf

Die originalen Standards of Care in ihrer aktuellen Fassung (Version 7 wurde am 25.9.2011 veröffentlicht)
www.wpath.org/publications_standards.cfm

Die ICD-10 (International Statistical Classification of Diseases and Related Health Problems) bei der Weltgesundheitsorganisation (WHO)
http://bit.ly/nXy3qE

Das DSM (Diagnostic and Statistical Manual of Mental Disorders) in der Wikipedia
http://de.wikipedia.org/wiki/Diagnostic_and_Statistical_Manual_of_Mental_Disorders

Der Entwurf des DSM V
www.dsm5.org/Pages/Default.aspx

AWMF (Arbeitsgemeinschaft der Wissenschaftlichen Medizinischen Fachgesellschaften), Leitlinien der Deutschen Gesellschaft für Kinder- und Jugendpsychiatrie und -psychotherapie, Störungen der Geschlechtsidentität (F64) sowie der sexuellen Entwicklung und Orientierung (F66)
www.uni-duesseldorf.de/AWMF/II/028-014.htm

Informationen des Pharma-Unternehmens Bayer zu Testosteronmangel
http://bit.ly/Hbm3aW

Psychotherapeutenkammer (PTK) für Berlin, Bremen, Hamburg, Niedersachsen und Schleswig-Holstein
www.psych-info.de

PTK NRW
www.ptk-nrw.de

PTK Hessen
www.ptk-hessen.de

PTK Saarland
www.ptk-saar.de

PTK Bayern
www.ptk-bayern.de

PTK Rheinland-Pfalz
www.lpk-rlp.de

PTK Baden-Württemberg
www.lpk-bw.de

PTK Ostdeutschland
www.ihre-opk.de

„Weichmacher sind Dickmacher", Studie des BUND
http://bit.ly/GA01DP

Operationen

Der „Wissensspeicher“ des FTM-Portals (dort der Bereich „Medizinisches“; Zugang ohne Anmeldung am Portal)
http://forum.ftm-portal.net/kb.php

Der österreichische Verein „TransX – Verein für TransGender Personen“ bietet Informationen zur Mastektomie an, zum Teil aber nicht mehr aktuell und nicht vollständig.
http://transx.transgender.at/2350_01_Operation_Brust_FzM.htm

Begutachtungsgrundlagen des Spitzenverbandes der Gesetzlichen Krankenversicherungen (GKV), bereitgestellt vom Medizinischen Dienst des Spitzenverbandes (MDS)
www.mds-ev.de/media/pdf/RL_Transsex_2009.pdf

Praktisches und Styling

Passing-Hilfen, Binder, Packer und mehr

TM-Passing-Tipps in Englisch
www.ftmpassingtips.com

„World's simplest packer harness“ (zu Deutsch: „der weltweit einfachste Packer-Harness“): eine englischsprachige Beschreibung für das Selberbasteln einer Packer-Halterung
www.ftmpassingtips.com/FullMonty316.pdf

Modifying a jockstrap (zu Deutsch: „einen Jockstrap anpassen“): eine Anleitung, wie du einen Jockstrap so umändern kannst, dass er als Halter für den Packer geeignet ist
http://community.livejournal.com/ftm/3993550.html

Schwimmbadtauglicher Packer-Harness
http://forum.ftm-portal.net/viewtopic.php?t=9256

Anleitung „Miederhose als Binder" und weitere Infos
www.transmann.de/alltag/binder.shtml

Abbindemethoden und Ratschläge dazu
http://transx.transgender.at/2212_04_Figur_Binder_FzM.htm

Selbstgemachter Packer aus Kondom, Waschlappen und Unterhose
www.ftmcity.de/articles.php?article_id=22

In „Hudsons FTM Resource Guide" gibt es neben vielen anderen nützlichen Informationen eine ausführliche Seite über Packer und das Tragen von Packern.
www.ftmguide.org/packing.html

Silikonschläuche (für den Selbstbau eines STP-Packers) bekommt man zum Beispiel bei
www.schlauch-profi.de

Bärte, Krawatten und Kleidung

Verschiedene Methoden des Bartklebens auf der Seite des TransMann e. V.
www.transmann.de/alltag/bart_falsch.shtml

Europas „schönste" Bärte (bei bartweltmeister.de)
http://bit.ly/HUdhBe

Kleidungswahl für kleine Personen
http://forum.ftm-portal.net/viewtopic.php?t=10144

Krawattenknoten, Videos (bei modezirkel.de)
http://bit.ly/cV4tDS

Hautpflege

Die Sachbuchautorin Heike Käser bietet auf ihrer Website umfangreiche Informationen zu Kosmetik, Inhaltsstoffen und der Herstellung eigener Naturkosmetik.
www.olionatura.de

Viele leicht umsetzbare Kosmetikrezepte, Informationen und einen Online-Shop bietet
www.meinekosmetik.de

Einkaufen

Brustbinder und Kompressionshemden

T-Kingdom, Taiwan; Binder und Kompressionshemden
www.t-kingdom.com

Underworks, USA; Kompressionswäsche für Frauen und Männer
www.underworks.com

Transtoys, Deutschland; Binder, Packer und vieles mehr
www.transtoys.de

Cereplas, Frankreich; Kompressionshemden
www.cereplas.com

Danae, Niederlande; Binder, Badebekleidung und Packer
www.danaekurvers.nl

Love Boat, Taiwan; Binder und Packerslips
www.lesloveboat.com

Packer, Pinkelhilfen und Penisprothesen

Lolajake-Prothesen
www.lolajake.com

Tyron-Project (ultrarealistische Prothese)
www.tyron2.eu

FTM-Prosthetics
www.ftmprosthetics.com/about.htm

Hautkleber (zum Ankleben von Penisprothesen aus Silikon; bei cosmesil.de)
http://bit.ly/HFIDhE

Pinkelhilfe „GoGirl" (Trichter aus medizinischem Silikon)
www.mcph.es/gogirl
Direktlink zum Shop:
www.tienda.mcph.es

Pinkelhilfe „Whiz Freedom"
www.whizfreedom.de oder www.whizproducts.co.uk/en

Medikamente und Hilfsmittel

Die Einhorn Apotheke Hamburg Altona stellt auf Rezept eine Testosteron-Creme ohne Alkohol her.
www.einhorn-hh.de, Tel. 040 38 51 16

Gleitmittel gibt es in Deutschland im Drogeriemarkt, in jedem Sexshop, bei Sexklusivitäten (**www.sexclusivitaeten.net**) und bei Transtoys (**www.transtoys.de**).

Eine kontinuierlich aktualisierte Linksammlung findest du hier: www.delicious.com/transgenderbookmarks

Literatur

Alter, Helma Katrin. Gleiche Chancen für alle: Transidentität in Deutschland 1998/1999. Köln: Books on Demand, 1999.

Baggish, A. L., et al. Long Term Anabolic-Androgenic Steroid Use is Associated with Left Ventricular Dysfunction. In: Circ Heart Fail. E-Pub ahead of print, 2010, S. 2 (zitiert in http://de.wikipedia.org/wiki/Anabolika).

Basedow, Jürgen, und Jens M. Scherpe. Transsexualität, Staatsangehörigkeit und internationales Privatrecht: Entwicklungen in Europa, Amerika und Australien. Tübingen: Mohr Siebeck, 2004.

Bauer, Robin. „Ihre Eltern dachten, dass sie ein Junge wäre". Transsexualität und Transgender in einer zweigeschlechtlichen Welt. Hamburg: Männerschwarm-Verlag, 2009.

Becker, Tom. Toms Weg zum Mars. Norderstedt: Books on Demand GmbH, 2009.

Blok, Diana, Tula Antonakos, und Çigdem Turek-Erciyes. See through us. Portraits and stories of gay women, men and transsexuals in Turkey. Amsterdam: Blok, 2009.

Body, N. O. Aus eines Mannes Mädchenjahren. Berlin: Edition Hentrich, 1993.

Bornstein, Kate. A Queer and Pleasant Danger. A Memoir. Boston: Beacon Press, 2012.

Bornstein, Kate, und S. Bear Bergman. Gender Outlaws. The Next Generation. Berkeley, Calif.: Seal Press: Distributed by Publishers Group West, 2010.

Bornstein, Kate. „Hello, Cruel World. 101 Alternatives to Suicide for Teens, Freaks, and Other Outlaws", 2006. http://site.ebrary.com/id/10388410.

Bornstein, Kate. My gender workbook. How to become a real man, a real woman, the real you, or something else entirely. New York; London: Routledge, 1998. (Vollständig überarbeitete Neuauflage ist derzeit in Arbeit.)

Brauckmann, Jannik. Die Wirklichkeit transsexueller Männer. Mannwerden und heterosexuelle Partnerschaften von Frau-zu-Mann-Transsexuellen. Gießen: Psychosozial-Verlag, 2002.

Brill, Stephanie, und Rachel Pepper. Wenn Kinder anders fühlen – Identität im anderen Geschlecht: ein Ratgeber für Eltern. München: Reinhardt, Ernst, 2011.

Buschbaum, Balian. Blaue Augen bleiben blau. Mein Leben. Frankfurt/Main: Krüger, 2010.

Califia, Patrick. Sex changes. The politics of transgenderism. San Francisco, Calif.: Cleis Press, 1997.

Cameron, Loren. Body Alchemy. Transsexual Portraits. Pittsburgh, Pa.: Cleis Press, 1996.

Colapinto, John. Der Junge, der als Mädchen aufwuchs. Düsseldorf; Zürich: Walter, 2000.

Cutler, Winnifred Berg, und Margaret Minker. Hysterektomie – ja oder nein? Was Frauen über eine Gebärmutteroperation wissen sollten. München: Dt. Taschenbuch-Verl., 1997.

Degele, Nina, und Meike Penkwitt. Queering gender – queering society. Freiburg i. Br.: J. Fritz, 2005.

Devor, Holly. FTM: Female-to-Male Transsexuals in Society. Bloomington: Indiana University Press, 1999.

Fehér, Christine. Body. Leben im falschen Körper. Düsseldorf: Sauerländer, 2003.

Fessel, Karen-Susan. Jenny mit O. Berlin: Querverlag, 2005.

Fink, Felix. Sein und Nichtsein. Erlebnisse eines Frau-zu-Mann-Transsexuellen. Norderstedt: Books on Demand, 2001.

Fischl, Franz H., und Elisabeth Vlasich. Transsexuell – Transgender, der Weg ins andere Geschlecht; ein Leitfaden für Betroffene, Angehörige und Ärzte. Gablitz: Krause & Pachernegg, Verl. für Med. und Wirtschaft, 2007.

Gross, Dominik, Christiane Neuschaefer-Rube, und Jan Steinmetzer. Transsexualität und Intersexualität: medizinische, ethische, soziale und juristische Aspekte. Berlin: Medizinisch Wissenschaftliche Verlagsgesellschaft, 2008.

Hansmann, Kai-Wolfgang. Als Mann endlich glücklich. Bericht eines Transsexuellen. Norderstedt: Books on Demand, 2009.
Herausgeber_innenkollektiv. Begegnungen auf der Trans*fläche: 52 Momente des transnormalen Alltags. Edition Assemblage, 2012.
Herrn, Rainer. Schnittmuster des Geschlechts. Transvestitismus und Transsexualität in der frühen Sexualwissenschaft. Gießen: Psychosozial-Verlag, 2005.
Hirschauer, Stefan. Die soziale Konstruktion der Transsexualität. Über die Medizin und den Geschlechtswechsel. Frankfurt am Main: Suhrkamp, 1999.
Holler, Reginald I. Es passt alles wieder zusammen. Biographie. Berlin: Dt. Literaturges., 2009.
Kailey, Matt. Just Add Hormones. An Insider's Guide to the Transsexual Experience. Boston: Beacon Press, 2005.
Köbele, Alexandra. Ein Junge namens Sue. Transsexuelle erfinden ihr Leben. Gießen: Psychosozial-Verlag, 2011.
Lindemann, Gesa. Das paradoxe Geschlecht. Transsexualität im Spannungsfeld von Körper, Leib und Gefühl. Wiesbaden: VS-Verlag, 2011.
Magiera, Manuel. Meine Mutter lebt als Mann: Marcus, meine Mutter ist transsexuell. Tredition, 2012.
Middlebrook, Diane Wood. Er war eine Frau. Das Doppelleben des Jazzmusikers Billy Tipton. München: Malik, 1999.
Monyama. Tiger in High Heels. Zweimal Käfig und zurück. Lotus Press, 2010.
Peters, Julie Anne, und Catrin Frischer. Luna. München: Dt. Taschenbuch-Verlag, 2006.
Polli, Tanja, und Ursula Markus. Das Geschlecht der Seele – Transmenschen erzählen. Zürich: Elster Verlag, 2013.
Rauchfleisch, Udo. Transsexualität, Transidentität: Begutachtung, Begleitung, Therapie. Göttingen: Vandenhoeck & Ruprecht, 2006.
Rohrer, Megan, und Keig Zander, Hrsg. Letters For My Brothers. Transitional Wisdom in Retrospect. 1. Aufl. Wilgefortis, 2011.

Rubin, Henry. Self made men. Identity, embodiment, and recognition among transsexual men. Nashville, TN: Vanderbilt University Press, 2003.
Seikowski, Kurt. Psychotherapy and Transsexualism. Andrologia, Vol. 39 (6), 248-252, 2007
Sigusch, Volkmar. Die Transsexuellen und unser nosomorpher Blick. Zeitschrift für Sexualforschung 4 (1991).
Spannbauer, Christa. Das verqueere Begehren. Sind zwei Geschlechter genug? Würzburg: Diametric, 1999.
Sycamore, Mattilda Bernstein. Nobody passes. Rejecting the rules of gender and conformity. Emeryville, CA: Seal Press, 2006.
Thilmann, Pia. Drag Kings – mit Bartkleber gegen das Patriarchat. Berlin: Querverlag, 2007.
Vetter, Brigitte. Transidentität – ein unordentliches Phänomen. Wenn das Geschlecht nicht zum Bewusstsein passt. Bern: Huber, 2010.
Weiß, Volker. ... mit ärztlicher Hilfe zum richtigen Geschlecht? Zur Kritik der medizinischen Konstruktion der Transsexualität. Hamburg: Männerschwarm, 2009.
Weiß, Volker, und Bodo Niendel, Hrsg. Queer zur Norm. Leben jenseits einer schwulen oder lesbischen Identität. Edition Waldschlösschen 11. Männerschwarm-Verlag, 2012.
Whittle, Stephen. Respect and equality. Transsexual and transgender rights. London; Portland, OR: Cavendish Pub., 2002.
Yeadon-Lee, Tracey. Female to Male Transsexuals. Transforming Bodies and Identities. Berlin: Lambert Academic Publishing, 2010.

Viele Rezensionen von Büchern zu Trans*-Themen findest du außerdem auf der Bücherseite des TransMann e. V. (http://buecher.transmann.de).

Filme

Spielfilme

Romeos (FTM)
Coming-out-Geschichte eines schwulen Transmanns, der aus der Provinz nach Köln zieht und sich dort auch gleich verliebt. (www.romeos-derfilm.de)

XXY (Intersex)
Alex ist intersexuell und wird mit Hormonpräparaten „weiblich" gehalten. Ihre Eltern sind wegen des gesellschaftlichen Drucks mit Alex in eine kaum bewohnte Küstenregion gezogen, sehen sich nun aber mit Alex' Pubertät und erneut den Vorurteilen und Ausgrenzungen der Umwelt konfrontiert. Dann schlägt ein befreundeter Chirurg vor, Alex zu operieren, um „sie" „eindeutig" zu machen. Damit steht eine wichtige Entscheidung für Alex an.

Whole New Thing (Queer)
Emerson ist 13 Jahre alt und gibt sich gerne klug und abgebrüht. Von Mitschülern wird er für schwul gehalten und deshalb geärgert, aber Emerson selber findet eine eindeutige sexuelle Orientierung unwichtig. Doch als er sich in einen seiner Lehrer verliebt, wird er mit weiteren Grenzen konfrontiert, die er nicht akzeptieren will.

Transamerica (MTF)
Bree steht kurz vor der operativen Anpassung ihres anatomischen Geschlechts, da erhält sie die Nachricht, dass ihr Sohn Toby im Jugendgefängnis ist. Sie löst den Teenager aus, verrät ihm aber nicht, dass die Frau, die vor ihm steht, einmal sein Vater war. Stattdessen gibt sie sich als Vertreterin einer wohltätigen Organisation aus und will ihn bei ihren Eltern unter-

bringen. Toby jedoch will nach Los Angeles, um Pornostar zu werden. Während dieses charmanten Roadmovies lernen die beiden sich selber, einander und andere Menschen kennen und erreichen verändert und mit sich im Reinen ihr Ziel.

Wild Side (MTF)
Stéphanie lebt in Paris mit Djamel und Mikhail und verdient ihren Lebensunterhalt als Prostituierte. Doch Stéphanies Mutter ist krank und braucht Hilfe, und so fahren die drei zusammen aufs Land nach Nordfrankreich. Hier wird nicht nur Stéphanie mit ihrer Vergangenheit als Mann konfrontiert, sondern auch alle anderen müssen sich ihrer Geschichte stellen. Die Liebe zu dritt gibt Stéphanie, Djamel und Mikhail in dieser Situation Halt, wird aber auch auf die Probe gestellt.

Beautiful Boxer (MTF)
In einer Provinz Thailands wächst Nong Toom auf. Schon früh wird deutlich, dass der Junge anders ist als seine Spielkameraden: Er möchte ein Mädchen sein. Durch seinen älteren Bruder entdeckt Nong Toom den Wettkampfsport Thai-Kickboxing und erkennt schnell, dass er/sie damit nicht nur der Armut entkommen, sondern sich auch den Traum einer Geschlechtsangleichung erfüllen kann. Nong Toom wird ein höchst erfolgreicher Kickboxer und schafft sich eine Welt voller Widersprüche.

Hedwig and the angry inch (MTF; Musicalfilm)
Hedwig wurde als Hansel in Ostberlin geboren und tourt nun als Punk-Dragqueen durch die USA. In skurrilen Rückschauen erfährt man allmählich, wie aus Hansel Hedwig wurde und dass bei einer geschlechtsangleichenden OP durch ein Missgeschick das titelgebende „angry inch" übrig blieb.

Shortbus (Queer)
New York. Jamie und James sind ein schwules Paar, in dessen Beziehung es kriselt; Sofia ist eine Paartherapeutin, die trotz

akrobatischem Sex mit ihrem Mann Rob noch nie einen Orgasmus hatte; die junge Domina Severin leidet unter ihrer Unfähigkeit, eine tiefergehende persönliche Beziehung aufzubauen. Sie alle begegnen einander irgendwann, kommen einander näher: zunächst die beiden Schwulen und die Therapeutin in einer grotesk endenden Therapiesitzung, zuletzt alle in einem Club namens Shortbus in Brooklyn. Dieser Treffpunkt, eine Kombination von Varieté und Swinger-Club, erhebt den Anspruch, den ungebrochen liberalen, ja libertär-anarchistischen Zeitgeist in New York nach den Anschlägen des 11. September zu spiegeln. (Quelle: Wikipedia)

Dokumentarfilme

Gendernauts (FTM)
Der Film der Regisseurin Monika Treut aus dem Jahr 1999 beobachtet und begleitet eine Reihe von Menschen in San Francisco, die sich eindeutigen Zuschreibungen wie „männlich" oder „weiblich" widersetzen. Sie agieren dies nicht nur als Künstlerinnen und Künstler aus, sondern leben auch auf verschiedene Weise ihren Widerspruch zur Normierung im Alltag.

Vorgestellt werden unter anderem Max Wolf Valerio, Texas Tomboy, Jordy und Stafford und ihr Nachtclub für den ultimativen Gender-Mix sowie Hida Viloria, eine Intersex-Frau.

Venus Boyz (FTM)
Gabriel Bauer führt uns in ihrem Film von 2002 durch das Universum weiblicher Männlichkeit und männlicher Weiblichkeit. Ausgangspunkt ist eine Dragking-Nacht in New York, in der das Spiel mit Geschlechterstereotypen, Macht und Erotik wie ein Vorspiel anmutet für die nächste Etappe der Reise. In London und Berlin besucht die Filmemacherin Menschen, die ihre sexuelle Identität in Frage stellen, mit Hormonen experimentieren

und über die gesellschaftliche wie auch künstlerische Bedeutung dieser Geschlechterreise nachdenken.

Southern Comfort (FTM)
Dokumentationsfilm über den Transmann Robert Eads, der in Alabama auf dem Land lebt, ein Redneck wie aus dem Bilderbuch. Robert hat Eierstockkrebs, denn er hat sich nie einer Operationen der primären Geschlechtsorgane unterzogen. Weil er ein Mann ist, weigern sich die Ärzte, ihn gynäkologisch zu behandeln, und so bleibt Robert dem Krebs ohne Behandlung ausgeliefert. Der Film beobachtet diesen Todkranken während seiner letzten Lebenstage.

Tintenfischalarm (Intersex)
Alex wurde mit uneindeutigem Geschlecht geboren, sowohl mit männlichen als auch mit weiblichen Geschlechtsmerkmalen. Im Alter von zwei Jahren entschieden die Eltern, die Intersexualität chirurgisch „korrigieren" und Alex als Mädchen aufwachsen zu lassen: Eine Penisamputation findet mit sechs Jahren statt, eine Hodenamputation mit zehn Jahren. Erst mit zwölf Jahren, als Alex versucht, einen Tampon zu benutzen, und scheitert, erkennt sie, dass mit ihrem Geschlecht etwas nicht stimmt – erst zu diesem Zeitpunkt wird sie von ihren Eltern eingeweiht. Mit 15 Jahren erfolgt eine Vaginalplastik und danach eine schwere körperliche und seelische Krise: Bei Alex wird Leukämie diagnostiziert. Nach einer Stammzellenspende des Bruders folgen eine Zeit im Rollstuhl, Selbstmordversuche und Drogensucht. Im Jahr 2003 beschließt Alex, künftig als Mann leben zu wollen und dafür auch weitere chirurgische Eingriffe in Kauf zu nehmen. (Quelle: Wikipedia)

Transkrauts (FTM)
Eine Sammlung privater Videos deutscher TM auf Youtube: www.youtube.com/user/TransKrauts

Musterbriefe

Für die Vornamensänderung, die Personenstandsänderung, die Beantragung von Operationen und vieles mehr wirst du eine Menge Schriftkram erledigen müssen. Die folgenden beispielhaften Formulierungen entsprechen den Briefen, die ich damals geschrieben habe, ich habe lediglich die persönlichen Daten herausgenommen. Sie sollen dir einen Anhaltspunkt dafür geben, wie du deine Briefe formulieren kannst, stellen aber keine juristische Beratung dar. Natürlich gebe ich dir keine Erfolgsgarantie, wenn du diese Muster für deine eigenen Briefe verwendest, auch wenn ich damit jeweils mein Ziel erreicht habe. Es ist außerdem möglich, dass das Gericht an deinem Wohnort, deine Krankenkasse oder der für dich zuständige MDK andere als die hier jeweils angeführten Unterlagen verlangen. Du kannst solche Fragen vorher telefonisch mit den zuständigen Sachbearbeiterinnen klären.

Antrag auf Vornamensänderung

Betreff: Antrag auf Änderung des Vornamens nach § 1 TSG

Sehr geehrte Damen und Herren,

hiermit beantrage ich, geboren am <<DATUM>> als <<BISHERIGER VOR- UND ZUNAME>> in <<GEBURTSORT>>, der Änderung meines Vornamens gemäß § 1 des TSG zuzustimmen. Der neue Vorname soll <<NEUER VORNAME>> lauten.

Begründung:
Ich fühle mich nicht dem in meinem Geburtseintrag angegebenen weiblichen, sondern dem männlichen Geschlecht als zugehörig. Seit mehr als <<ZAHL>> Jahren habe ich die zwingende Vorstellung, meinem Gefühl entsprechend leben

zu müssen. Es besteht eine sehr hohe Wahrscheinlichkeit, dass sich mein Zugehörigkeitsempfinden zum anderen Geschlecht nicht mehr ändern wird.

Ich bin Deutscher im Sinne des Grundgesetzes, wie sich aus der beigefügten Meldebescheinigung ergibt. Ich wohne derzeit in <<WOHNORT>>, wie sich aus der beigefügten Meldebescheinigung ersehen lässt.

Ich bitte das Gericht, für die erforderlichen Gutachten zwei Gutachter zu benennen. Weiterhin beantrage ich Prozesskostenhilfe. Das erforderliche Formular sowie dazugehörige Kopien (Einkommensnachweis und Mietvertrag) liegen bei.

Mit freundlichen Grüßen
<<UNTERSCHRIFT>>

Anlagen:
- Meldebescheinigung
- Antrag auf Prozesskostenbeihilfe
- Kopie Mietvertrag
- Kopie Einkommensnachweis

Infobrief zur Vornamensänderung und Anrede (für Versicherung, Banken etc.)

Sehr geehrte Damen und Herren,

bitte beachten Sie, dass sich durch richterlichen Beschluss vom <<DATUM>> mein Vorname geändert hat. Den entsprechenden Gerichtsbeschluss lege ich Ihnen in Kopie bei.

Ändern Sie meine Personaldaten bitte entsprechend und verwenden Sie bitte zudem zukünftig die Ansprache „Herr" statt „Frau".

Mit freundlichen Grüßen
<<UNTERSCHRIFT>>

Antrag auf Kostenübernahme für geschlechtsangleichende Operationen

Betreff: Versicherungsnr. 000000000; hier: Antrag auf Kostenübernahme für geschlechtsangleichende Operationen

Sehr geehrte Damen und Herren,

hiermit beantrage ich die Kostenübernahme für geschlechtsangleichende Operationen aufgrund meiner Frau-zu-Mann-Transsexualität.

Seit <<DATUM>> befinde ich mich in psychotherapeutischer Begleitung bei <<NAME UND ADRESSE DES THERAPEUTEN/ DER THERAPEUTIN>>. Seit <<DATUM>> befinde ich mich in

Hormontherapie mit Testosteron bei <<NAME UND ADRESSE DES ENDOKRINOLOGEN/DER ENDOKRINOLOGIN >>.
Bei den geplanten Operationen handelt es sich um:
- Mastektomie
- bis zu 2 Korrekturen der Mastektomie
- Hysterektomie
- Ovarektomie
- Metoidioplastik
- Phalloplastik

Der Operateur oder die Operateure steht beziehungsweise stehen noch nicht fest.

Als Anlage füge ich jeweils in Kopie bei:
- Gerichtsbeschluss zur Vornamensänderung
- 2 Gutachten zur Transsexualität

Sollten weitere Unterlagen benötigt werden, senden Sie mir bitte eine Schweigepflichtentbindung zu, damit die gewünschten Unterlagen bei den behandelnden Ärzten angefordert werden können. Ebenso beantrage ich, falls die vorliegenden Gutachten nicht ausreichend sein sollten, die Übernahme der Kosten für benötigte Gutachten zuzusichern.

Mit freundlichen Grüßen
<<UNTERSCHRIFT>>

Bestätigung Kostenübernahme einer Korrektur-Operation

Betreff: Versicherungsnr. 000000000; hier: Bestätigung der Kostenübernahme für Korrektur

Sehr geehrte Damen und Herren,

beiliegend erhalten Sie die Indikation zur Vornahme einer Korrektur-Operation entsprechend der von Ihnen am <<DATUM>> bewilligten Kostenübernahme. Bitte senden Sie mir eine der Indikation entsprechende Zusicherung zu, so dass die Vereinbarung eines OP-Termins bald möglich ist.

Vielen Dank im Voraus,
mit freundlichen Grüßen
<<UNTERSCHRIFT>>

Antrag auf Änderung des Personenstandes

Betreff: Antrag auf Änderung des Personenstandes gemäß § 8 Absatz 1 TSG

Sehr geehrte Damen und Herren,

hiermit beantrage ich, <<NAME>>, geboren am <<DATUM>> in <<ORT>>, wohnhaft in <<WOHNORT>>, Staatsangehörigkeit deutsch, gemäß § 8 Absatz 1 TSG die Änderung meines Personenstandes in „männlich".

Begründung: Seit <<JAHR>> lebe ich in der mir entsprechenden männlichen Geschlechterrolle. Am <<DATUM>> wurde durch das Amtsgericht <<ORT>> der Beschluss zur Änderung meines Vornamens rechtskräftig (<<AKTENZEICHEN>>). Hormontherapie und angleichende Operationen sind ebenfalls vorgenommen worden.

Ich beziehe mich bei meiner Antragstellung auf den Beschluss des Bundesverfassungsgerichts (BVerfGE v. 11.1.2011 I 224 - 1 BvR 3295/07), wonach § 8 Absatz 1 Nr. 3 und 4 TSG mit dem Grundgesetz als unvereinbar erklärt wurde und daher bis zum Inkrafttreten einer Neuregelung nicht anwendbar ist. Somit liegen in meinem Fall die Voraussetzungen für die Feststellung der Zugehörigkeit zum anderen Geschlecht gemäß § 8 Absatz 1 vor, und ich beantrage, dem zuzustimmen.

Mit freundlichen Grüßen
<<UNTERSCHRIFT>>

Anlagen:
- Kopie meines Passes und aktuelle Meldebescheinigung
- Kopie des rechtskräftigen Beschlusses zur Vornamensänderung
- Kopie meiner Geburtsurkunde

Impressum

Gezeichnete Illustrationen:
Franz Gabriel Walther, Noah Klotzsche
Lektorat und Satz: Verena Bühl
Verwendete Schriften: TheSans und TheMix von LucasFonts
Verlag: tredition GmbH, Hamburg
Printed in Germany
ISBN: 978-3-8491-1880-8

Bibliografische Information der Deutschen Nationalbibliothek
Die Deutsche Nationalbibliothek verzeichnet diese Publikation in der Deutschen Nationalbibliografie; detaillierte bibliografische Daten sind im Internet über http://dnb.d-nb.de abrufbar.

Haftungsausschluss

Dieser Ratgeber dient der Information auf Basis persönlicher Erfahrungen, Gespräche und ausführlicher Recherchen. Die wiedergegebenen Informationen wurden mit größtmöglicher Sorgfalt recherchiert. Dennoch lassen sich Fehler nicht absolut ausschließen. Deshalb haften weder Autor noch Verlag für die medizinische, rechtliche oder sonstige Richtigkeit der hier zur Verfügung gestellten Informationen.

Danksagung

Viele Menschen haben mich aktiv in meinem Prozess der Mannwerdung unterstützt. Meinen langjährigen Freundinnen Erdmute, Susa, Uta und Birgit danke ich dafür, dass sie mich weiterhin als den Menschen achten und lieben, der ich bin.

Ich möchte mich auch herzlich bei den Betreiber_innen, Organisator_innen und Moderator_innen der Websites und Gruppentreffen von TransMann e.V. (transmann.de), FTM-Portal (ftm-portal.net) und der Transfamily (transfamily.de) bedanken, denn sie haben mir mit ihrem liebevoll gepflegten Informationsangebot und der Möglichkeit, andere TM kennenzulernen, eine wichtige Starthilfe in mein „neues" Leben gegeben.

Mein ganz besonderer Dank gilt Chris Schenk, der sich in zwei Telefonaten, ohne mich vorher persönlich kennengelernt zu haben, geduldig meine Problemschilderungen angehört und mir warmherzige und erstklassige Ratschläge gegeben hat.

Für Anmerkungen und Hinweise zu den Themen Hormone und Operationen danke ich herzlich Verena Rosar, Heilpraktikerin. Ebenfalls sehr wertvolle Hilfe im Kapitel über Psychotherapie habe ich von Dr. Walter Dmoch erhalten, dem ich auch für sein wunderbares Vorwort danke. Auch an Dr. Kurt Seikowski geht mein herzlicher Dank. Er hat nicht nur den ansprechenden Text für die Umschlagrückseite geschrieben, sondern mich auch quasi in letzter Minute vor fachlichen Fehlern in der Beschreibung der psychotherapeutischen Begleitbetreuung bewahrt.